ゼロからわかる！

数的推理
判断推理
超 入門

はじめに

　本書は、公務員試験の筆記試験でもっとも多く出題される「数的処理」を基礎の基礎から学び、試験での得点力アップを目的に作成いたしました。

　近年の筆記試験は、ひと昔前に比べて問題が易化し、基礎的な学力があるか否かを判断しています。ゆえに、受験生に求められるのは難問を解く力ではなく、**簡単な問題を取りこぼさずに正解する力です。**

　数的処理は公務員試験独自の科目であり、小学校や中学、高校で学ぶ算数・数学とは異なり、これらを復習するだけでは不十分です。

　よって本書では、数的処理の出題テーマを網羅したうえで、過去問ではなく、オリジナルの初歩的な問題を使っていねいに解説し、**算数・数学が苦手であってもしっかりと基礎を固められるようになっています。**

　数的処理の対策書は多々ありますが、つまずきやすい部分の説明を省いたものが散見されます。解答を導くうえでの途中式や、問題文からどのように式や図を作ればよいかといった説明が省かれたものです。

　一方で本書は、他の参考書で飛ばしがちな途中式もしっかり入れるとともに、どのような作図を行えばよいかも説明し、理解しやすい内容となっております。

　さて、私が代表および講師を務める「**公務員のライト**」は公務員試験専門のオンライン予備校です。

　講師陣は元大手予備校カリスマ講師や大手公務員専門学校の教職員で構成しております。

　「最大効率学習法」を展開し、国家公務員、地方公務員、警察官、

消防官、社会人経験者採用など、多くの公務員試験に合格者を輩出してきました。受講者数は開講わずか2年で3500人に達しております。

　また、「公務員のライト」はYouTubeでも講座を配信し続け、総チャンネル登録者は4.6万人を突破し、「公務員受験カテゴリー」で登録者数全国1位となっています。ここでは、数的処理、時事対策、専門試験といった筆記試験対策だけではなく、論作文試験、面接試験といった人物試験対策、公務員試験情報といった、受験生に役立つ内容を無料で配信し、毎年、数多くの受験生から厚い支持を得ています。

　さらに、Instagram、Twitter、LINE公式のフォロワー数も同様に全国1位で、これらを通じても受験生に有益な情報をタイムリーに発信し続けています。

　最後にお伝えすべき点として、公務員の筆記試験はけっして満点を目指すものではありません。おおむね6〜7割正解できれば試験は突破できます。中には難問もあり、解答時間も限られますので、問題によっては捨てる勇気も必要となります。

　その中で、もっとも合否を左右するといわれる「数的処理」については、本書でしっかりと基礎を固め、解ける問題に絞って解答していけば大丈夫です。

　本書で合格に必要な力をつけていただき、皆さまが目標とする公務員に任用されることを、心よりお祈りいたします。

著　者

「数的推理」攻略のコツ

　数的推理は、速さ、割合、確率など小学校で学ぶ算数、中学校で学ぶ数学の知識を用いて解くような問題です。

　その攻略にもっとも重要なのは、式を立てる力をつけること。問題のほとんどが文章題です。よって、立てた式から答えを導く力よりも、文章を式にする力のほうが重要です。

　この力をつけるうえで大切なのは、問題文をしっかりと把握し、整理することです。

　実際に数的推理を苦手とする受験生の多くが問題文を十分に把握できておらず、自ら式を立てたとしても、それが何を表しているかがわからないまま解いています。

　そこで、問題文を把握するのに大切なのは、絵や図を描くなどして手を動かして整理することです。

　たとえば、パンを5個買ったという問題であればパンを描いてもいいですし、家から駅まで歩いたという問題であれば、家から駅までの状況を図にして整理しましょう。

　問題文に書いてあるからと、これを軽んじる方もいますが、自らの言葉で書くことにより、文章題をしっかりと理解できます。

　また、立てた式についても、何を表しているのか、何を求めているのかを、ふだんの学習から確認していきましょう。

「判断推理」攻略のコツ

　判断推理は主に、発言者の中からうそつきを発見したり、論理性を確かめていったりといった、問題文から答えを推理していくような問題です。

　判断推理を攻略するには次の2つが重要です。

　一つは、他のパターンがないかをしっかりと考えて場合分けをすることです。

　たとえば「AはBの隣にいる」という条件があった場合、左にA、右にBが並んでABとなるパターンだけではなく、隣なので、左にB、右にAが並んでBAとなるパターンも考えられます。

　このように複数のパターンをしっかりと場合分けし、「確実にいえるもの」を解答することが大切です。

　もう一つは、条件や選択肢を何度も確認することです。

　条件については、一つでも読み落としがあると解けない問題がほとんどです。解いていくうちに先に進めなくなった場合は条件を読み落としている可能性があるので、繰り返し読むことが重要となります。

　選択肢については、いざ、問題を解いていくと、対応関係などで表を完成させることを優先し、選択肢をないがしろにしがちです。解く目的は選択肢の中から正解を見つけることです。表が未完成であっても解答を導ける問題もあるので、作成途中であれ、必ず選択肢を確認しましょう。

CONTENTS

PART ❶
数的推理 超入門

PART ❷
判断推理 超入門

PART ❸
空間把握・資料解釈 超入門

編集協力：株式会社エディポック
本文デザイン：mogmog Inc.
本文イラスト：平井きわ

計算のきほん

❶ 計算の順序の決まり

1. 左側から解きすすめる

$5 \div 4 \div 2$
$= 1.25 \div 2$
$= 0.625$

$$\left[\begin{array}{l} 5 \div 4 \div 2 \\ = 5 \div 2 \\ = 2.5 \,(不正解) \end{array}\right.$$

4÷2は簡単なので先に計算したくなりますが、間違いです

2. ×と÷ を先に、＋と− は後に計算する

$5 + 15 \div 3 + 2$
$= 5 + 5 + 2$
$= 12$

$$\left[\begin{array}{l} 5 + 15 \div 3 + 2 \\ = 20 \div 5 \\ = 4 \,(不正解) \end{array}\right.$$

たし算を先に計算したくなりますが、間違いです

3. （ ）のある計算は、（ ）の中から計算する

$10 + \{6 - (5 + 4) \div 3\}$ ·························· 内側の（ ）から計算します
$= 10 + \{6 - 9 \div 3\}$ ························· ｛ ｝内は割り算から計算します
$= 10 + \{6 - 3\}$
$= 10 + 3$
$= 13$

4. 指数（2乗、3乗など）があるときは指数計算からおこなう

$(-47) - (-4) \times (-3)^2$ .... （-3)²から計算します

$= (-47) - (-4) \times 9$ .... （-4)×9から計算します

$= (-47) - (-36)$

$= -11$

> **注意** $-3^2 = -3 \times 3 = -9$　　　$(-3)^2 = (-3) \times (-3) = 9$

5. その他の決まり──「分配法則」「結合法則」

分配法則：$a \times b + a \times c = a \times (b + c)$

例題1 $28 \times 7 + 28 \times 3 = 28 \times (7 + 3)$
$= 28 \times 10$
$= 280$

例題2 $24 \times (10 + 2) = 24 \times 10 + 24 \times 2$
$= 240 + 48$
$= 288$

結合法則：$a + b + c = a + c + b$
$a \times b \times c = a \times c \times b$

（すべての計算がたし算だけ、かけ算だけの場合に使える法則です）

例題1 $57 + 95 + 43 = 57 + 43 + 95$
$= 100 + 95$
$= 195$

計算しやすいところを探して順序を工夫してください

例題2 $25 \times 17 \times 4 = 25 \times 4 \times 17$
$= 100 \times 17$
$= 1700$

② 分数の計算

1. 分数のたし算・ひき算

分母が同じ場合：分子どうしをそのまま計算します（分母はもとのままです）。

$$\frac{1}{5} + \frac{2}{5} = \frac{3}{5}$$

分母が異なる場合：通分（分母をそろえること）が必要です。

$$\frac{3}{4} - \frac{2}{5}$$

$$= \frac{15}{20} - \frac{8}{20}$$

$$= \frac{7}{20}$$

$$\frac{3}{4} = \frac{3 \times 5}{4 \times 5} = \frac{15}{20}$$

$$\frac{2}{5} = \frac{2 \times 4}{5 \times 4} = \frac{8}{20}$$

分母はできるだけ
小さい数（最小公倍数）で
そろえましょう

2. 分数のかけ算・割り算

分数のかけ算：分母どうし・分子どうしをかけます。

$$\frac{8}{15} \times \frac{\cancel{5}}{7}$$ ·········· 15と5でナナメ約分をします

$$= \frac{8}{3} \times \frac{1}{7}$$ ·········· 分母どうし・分子どうしをかけます

$$= \frac{8}{21}$$

分数の割り算：割る数の分母・分子を逆にしてかけ算します。

$$\frac{14}{9} \div \frac{4}{15}$$ ·········· 割る数の分母・分子を逆にしてかけ算に直します

$$= \frac{\cancel{14}}{\cancel{9}} \times \frac{\cancel{15}}{\cancel{4}}$$ ·········· 9と15、4と14でナナメ約分をします

$$= \frac{7}{3} \times \frac{5}{2}$$ ·········· 分母どうし・分子どうしをかけます

$$= \frac{35}{6}$$ ·········· 帯分数に直すと $5\frac{5}{6}$ になります

分数のかけ算・割り算は、ナナメ約分がポイントです

❸ 小数と分数のまざった計算

- 小数と分数がまざった計算は、**分数**にそろえましょう。
- 小数どうしの計算でも

   分数に直したほうが計算しやすい場合があります。

   とくに**指数計算**を含む場合は分数にしたほうが計算しやすくなります。

$$0.75^2 = \left(\frac{3}{4}\right)^2 = \frac{3}{4} \times \frac{3}{4} = \frac{9}{16}$$

$$1.4^2 - \frac{6}{5} \times 0.5$$

$$= \left(\frac{14}{10}\right)^2 - \frac{6}{5} \times \frac{1}{2} \quad \cdots\cdots\cdots\cdots \quad \text{小数を分数に直します。}1.4^2 = \left(\frac{14}{10}\right)^2 \quad 0.5 = \frac{1}{2}$$

$$= \left(\frac{7}{5}\right)^2 - \frac{6}{5} \times \frac{1}{2} \quad \cdots\cdots\cdots\cdots\cdots\cdots \quad \left(\frac{14}{10}\right)^2 \text{ を} \left(\frac{7}{5}\right)^2 \text{に約分します}$$

$$= \frac{49}{25} - \frac{\cancel{6}}{5} \times \frac{1}{\cancel{2}} \quad \cdots\cdots\cdots\cdots\cdots\cdots \quad \text{6と2でナナメ約分します}$$

$$= \frac{49}{25} - \frac{3}{5}$$

$$= \frac{49}{25} - \frac{15}{25} \quad \cdots\cdots\cdots\cdots\cdots\cdots \quad \frac{3 \times 5}{5 \times 5} = \frac{15}{25} \quad \text{通分します}$$

$$= \frac{34}{25}$$

次の小数は
分数に直すことが多いので
覚えておきましょう！

$$0.2 = \frac{1}{5} \qquad 0.25 = \frac{1}{4} \qquad 0.75 = \frac{3}{4}$$

$$0.125 = \frac{1}{8} \qquad 0.375 = \frac{3}{8} \qquad 0.625 = \frac{5}{8}$$

④ 方程式の解法

1. 基本的な方程式の解法

> 方程式は、次の①②の流れで解きます。
> ① 移項する
> ② ＝の両側の数を、x にかかっている数で割る

例題 次の方程式を解きなさい。
※方程式を解くとは、x がいくつかを調べることです。

$$2x + 3 = 15 - x$$

$$2x + x = 15 - 3$$ ……
＋3を＝の右側、$-x$ を＝の左側に移動します（移項）
移項をおこなうときは＋と－を反対にします
（プラスはマイナスに、マイナスはプラスに）
$+3 \Rightarrow -3$　　$-x \Rightarrow +x$

$$3x = 12$$ …………………………… ＝の両側を、x にかかっている数で割ります

$$3x \div 3 = 12 \div 3$$ ……… この場合、x には3がかかっているので、
＝の両側を3で割ります
（この3のことを x の係数といいます）

$$x = 4$$

2. 小数を含む方程式

例題 ▶ 次の方程式を解きなさい。

$1.3x + 2 = 0.9x - 4$

※そのまま計算しても解けますが、
式全体を10倍することで小数がなくなり、計算しやすくなります。

$13x + 20 = 9x - 40$ ……………………………… 式全体を10倍します

$13x - 9x = -40 - 20$ ……………………………… 移項します

$4x = -60$ ……………………………… 両辺を計算します

$4x \div 4 = -60 \div 4$ ………… xの係数で式の両辺を割ります

$x = -15$

3. 分数を含む方程式

例題 ▶ 次の方程式を解きなさい。

$\dfrac{2}{3}x + \dfrac{5}{12} = \dfrac{3}{4}x + 2$

※通分したときの分母の数を式全体にかけることで、分母をはらえます。

$\dfrac{8}{12}x + \dfrac{5}{12} = \dfrac{9}{12}x + \dfrac{24}{12}$ … 3・12・4の最小公倍数である12で通分します

$8x + 5 = 9x + 24$ ……………………… 式全体を12倍して分母をはらいます

$8x - 9x = 24 - 5$ ……………………… 移項して、両辺を計算します

$-x = 19$

$-x \div (-1) = 19 \div (-1)$ …………… xの係数で式の両辺を割ります

$x = -19$

COLUMN 1

筆記試験の科目には何がある？

公務員試験の筆記試験科目は、以下の通りです。

教養試験

文章理解（現代文・英文）／数的処理（数的推理・判断推理・空間把握・資料解釈）／社会科学（政治・経済・時事）／人文科学（日本史・世界史・地理・思想倫理・文芸）／自然科学（数学・物理・化学・生物・地学）

専門試験

政治学／行政学／憲法／行政法／民法（総則・物権）／民法（債権・親族相続）／ミクロ経済／マクロ経済／財政学・経済事情／経営学／国際関係／社会学／心理学／教育学／英語／会計学／刑法／労働法……

　教養試験では上記の科目のうち、数的処理がもっとも多く出題され、全体の4割程度を占めます。したがって、数的処理を攻略することが合格のカギとなります。

　これに対し、人文科学や自然科学は各1〜2問、試験によっては出題されない科目もあります。日本史や世界史などを高校のときに履修していない方は改めて勉強しなくても合格点を取ることは可能です。

　専門試験では、多くの受験生が前述のうち8〜10科目を解きます。また、同じ科目でも受験先によって出題傾向や難易度が大きく変わるので、注意が必要です。たとえば「財政学」一つをとっても、特別区、国税専門官、国家一般職で大きく異なります。

　さらに、受験先によって出題される科目も異なります。

例えば

裁判所職員：憲法・民法・刑法又は経済学（計3科目）

特別区：11科目55問から40問を選択（最低8科目）

といった具合です。

　中には教養試験だけ行い、専門試験を課さないところもあるので、事前に受験先の試験科目をしっかり把握しておきましょう。

PART ①

数的推理
超入門

順列・組み合わせ

例題 1 5人を一列に並べたときの並び方は何通りあるか。

□人の並び方：□！（階乗）で求めることができる。
今回は5人なので、5！となる。

$$5！＝5×4×3×2×1 ＝ \textbf{120通り}$$

答え ▶▶▶ 120通り

このように、階乗は、その数から1ずつ減らし、
全部かけたものになる。
6人であれば、6！＝6×5×4×3×2×1 ＝ **720通り**

- -

例題 2 6人中、3人を選んで並べたときの並び方は何通りあるか。

a人中b人を選んで並ぶ並び方 ＝ $_aP_b$ で
求めることができる。

今回は6人中3人なので、$_6P_3$ となる。

$$_6P_3 ＝ 6×5×4 ＝ \textbf{120通り}$$

答え ▶▶▶ 120通り

このように、Pは、左の数字からはじまり
右の数字の個数だけかけたものになる。

7人中4人であれば、$_7P_4 ＝ 7×6×5×4 ＝$ **840通り**

例題 **3**　A・B・C・Dの4人の中から夜勤当番を2人選ぶ選び方は何通りあるか。

1分解法！

a人中b人の選び方 ＝ $_aC_b$ で求めることができる。

今回は4人中2人なので、$_4C_2$ となる。

$$_4C_2 = \frac{4 \times 3}{1 \times 2} = \frac{12}{2} = \textbf{6通り}$$

答え ▶▶▶ 6通り

このようにCは

左の数字からはじまり右の数字の個数だけかけたものが分子、

右の数の階乗が分母となる。

POINT

順列と組み合わせの違いは以下の通り。

並び方に意味があるもの　→　順列

並び方に意味がないもの　→　組み合わせ

たとえば、クラスから代表と副代表を選ぶとき、

代表がA、副代表がBのときと、

代表がB、副代表がAのときでは異なる。

この場合は「順列」となる。

これに対し、クラスから代表2人を選ぶとき、

ABと選ぶのとBAと選ぶのは、

言い方が違うだけでまったく同じである。

この場合は「組み合わせ」となる。

PART **①**

01
順列・組み合わせ

19

練習問題 1

目標解答時間 ⬛ 分

① 7人を一列に並べたときの並び方は何通りあるか。

① 4020通り　**②** 4920通り　**③** 5040通り　**④** 5620通り
⑤ 6020通り

---

② 8人中、3人を選んで並べたときの並び方は何通りあるか。

① 120通り　**②** 144通り　**③** 210通り　**④** 296通り
⑤ 336通り

---

③ 父・母・兄・姉・妹の5人家族が横一列に並んで写真をとることになった。

❶ 父が真ん中になるような並び方は何通りあるか。

① 6通り　**②** 12通り　**③** 20通り　**④** 24通り
⑤ 32通り

❷ 両親が隣り合うような並び方は何通りあるか。

① 12通り　**②** 20通り　**③** 24通り　**④** 32通り
⑤ 48通り

解答・解説

① □人の並び方：□！（階乗）で求めることができる。

今回は7人なので、**7！**となる。

$7！ = 7 \times 6 \times 5 \times 4 \times 3 \times 2 \times 1 = 5040$（通り）　　　　答え ▶▶▶ ❸

---

② a人中b人を選んで並ぶ並び方＝ $_aP_b$ で

求めることができる。今回は8人中3人なので、$_8P_3$ となる。

$_8P_3 = 8 \times 7 \times 6 = 336$（通り）　　　　答え ▶▶▶ ❺

---

③ ❶ 父は場所が確定しており、

父以外の残り4人の並び方なので、**4！** となる。

$4！ = 4 \times 3 \times 2 \times 1 = 24$（通り）　　　　答え ▶▶▶ ❹

❷ ア）両親を1つと考えて両親と子ども3人の並び方は、**4！** となる。

$4！ = 4 \times 3 \times 2 \times 1 = 24$（通り）

イ）両親の並び方は、

父・母と母・父 の2パターンがあるので、

$24 \times 2 = 48$（通り）となる。　　　　答え ▶▶▶ ❺

練習問題 2

目標解答時間 **6**分

④ A・B・C・D・Eの5種類のケーキから2種類のケーキを選ぶとき、選び方は何通りあるか。

❶6通り　　❷8通り　　❸10通り　　❹12通り　　❺14通り

---

⑤ A・B・C・D・Eの5人が定員2名の洋室と定員3名の和室に分かれて泊まることになった。

❶ 5人が2部屋に分かれる方法は何通りあるか。

❶4通り　　❷6通り　　❸8通り　　❹10通り　　❺12通り

❷ AとBが同じ部屋になるように2部屋に分かれる方法は何通りあるか。

❶4通り　　❷6通り　　❸8通り　　❹10通り　　❺12通り

解答・解説

4 **a個中b個の選び方＝ $_aC_b$ で求めることができる。**

今回は5種類中2種類なので、 $_5C_2$ となる。

$$_5C_2 = \frac{5 \times 4}{1 \times 2} = \frac{20}{2} = 10 \text{（通り）}$$

答え ▶▶▶ ❸

- -

5 ❶ 洋室の2人を選べば残りの3人が和室になるので、

5人から洋室に泊まる2人を選べばよい。

今回は5人中2人なので、 $_5C_2$ となる。

$$_5C_2 = \frac{5 \times 4}{1 \times 2} = \frac{20}{2} = 10 \text{（通り）}$$

答え ▶▶▶ ❹

❷ AとBが洋室の場合と和室の場合で分けて考える。

ア）AとBが洋室の場合

AとBの2人が洋室で、

残りC・D・Eの3人が和室のみなので1通り。

イ）AとBが和室の場合

AとBともう1人が和室となる。

もう1人にはC・D・Eの（3人の）いずれかが入るので3通り。

AとBが同じ部屋になるように2部屋に分かれる方法は、

1＋3＝ 4（通り）

答え ▶▶▶ ❶

02 確率

例題 1 くじ８本中、あたりが３本ある。このとき、くじを２回引いて、１回目にあたり、２回目にはずれを引く確率は？

1分解法！

あたり３本・はずれ５本・合計８本。

１回目にあたりを引く確率は、$\dfrac{3}{8}$

２回目にはずれを引く確率は、すでにくじを１本引いているので、残りのくじは７本。

７本中、はずれは５本なので、$\dfrac{5}{7}$

１回目のあたりと２回目のはずれは**連続して起こるので、２つの確率をかける**。

$\dfrac{3}{8} \times \dfrac{5}{7} = \dfrac{15}{56}$　となる。

答え▶▶▶ $\dfrac{15}{56}$

例題 2 サイコロを1回投げて３または４が出る確率は？

1分解法！

サイコロは１・２・３・４・５・６の合計６つの面がある。

①３が出る確率

　６つの目のうち、３の目は１つなので、$\dfrac{1}{6}$

②４が出る確率

　６つの目のうち、４の目は１つなので、$\dfrac{1}{6}$

①と②は**同時には起こらないので、２つの確率をたす**。

$\dfrac{1}{6} + \dfrac{1}{6} = \dfrac{2}{6} = \dfrac{1}{3}$

答え▶▶▶ $\dfrac{1}{3}$

例題 3 赤球が3個、白球が2個入っている袋がある。この袋の中から1個ずつ順に2個の球を取り出すとき、少なくとも白球1個が出る確率は？

1分解法！ 「少なくとも白球1個」とは、白球1個だけ引く場合と2個とも白球である場合の両方を表す。

⇒この場合、**白球が1個も出ない確率（2個とも赤球の確率）** をつかう。

つまり $1 -（2個とも赤球の確率）$ で求めることができる。

2個とも赤球である確率は、$\dfrac{3}{5} \times \dfrac{2}{4} = \dfrac{3}{10}$

　…1回目：5個中3個が赤球

　　2回目：赤球が1個減っているので4個中2個が赤球

少なくとも白球1個の確率は、$1 - \dfrac{3}{10} = \dfrac{7}{10}$

　…全体－2個とも赤球の確率

答え ▶▶▶ $\dfrac{7}{10}$

POINT

$$確率 = \dfrac{ある事象}{すべての事象}$$

・積の法則⇒連続または同時に起こる場合はかけ算

・和の法則⇒同時に起こらない場合はたし算

・余事象　⇒「少なくとも」とある場合、

　　　　　$1 -（それ以外の確率）$

練習問題 1

目標解答時間 ⏱ 分

① 大小２つのサイコロを同時に投げるとき、出る目の数の積が６の倍数になる確率として正しいのはどれか。

❶ $\dfrac{1}{3}$　　**❷** $\dfrac{13}{36}$　　**❸** $\dfrac{7}{18}$　　**❹** $\dfrac{5}{12}$　　**❺** $\dfrac{4}{9}$

- -

② くじ10本中、あたりが３本ある。
このとき、くじを２回引いて、１回目にはずれ、２回目にあたりを引く確率として正しいのはどれか。

❶ $\dfrac{1}{5}$　　**❷** $\dfrac{21}{100}$　　**❸** $\dfrac{7}{30}$　　**❹** $\dfrac{4}{15}$　　**❺** $\dfrac{3}{10}$

解答・解説

1 表で考える。

小\大	1	2	3	4	5	6
1						○
2			○			○
3		○		○		○
4			○			○
5						○
6	○	○	○	○	○	○

サイコロを2つ投げたとき、出る目のパターンは6×6で36通り。

そのうち、出る目の数の積が6の倍数になる確率は上記の通り15通り。

よって、

$$\frac{15}{36} = \frac{5}{12}$$ となる。

答え ▶▶▶ ❹

- -

2 あたり3本、はずれ7本、合計10本

1回目にはずれを引く確率は、$\frac{7}{10}$

2回目にあたりを引く確率は、すでにくじを1本引いているので、

残りのくじは9本。

9本中、あたりは3本なので、$\frac{3}{9}$

1回目のはずれと2回目のあたりは連続して起こるので、

2つの確率をかける。

$$\frac{7}{10} \times \frac{3}{9} = \frac{7}{30}$$ となる。

答え ▶▶▶ ❸

練習問題 2

目標解答時間 ■分

3 赤球が5個、白球が3個入っている袋がある。

この袋の中から1個ずつ順に3個の球を取り出すとき、赤球2個、白球1個となる確率として正しいものはどれか。

❶ $\frac{4}{7}$　　❷ $\frac{5}{14}$　　❸ $\frac{5}{28}$　　❹ $\frac{15}{28}$　　❺ $\frac{15}{128}$

- -

4 赤球が5個、白球が3個入っている袋がある。

この袋の中から1個ずつ順に2個の球を取り出すとき、少なくとも赤球1個が出る確率として正しいものはどれか。

❶ $\frac{5}{7}$　　❷ $\frac{3}{28}$　　❸ $\frac{5}{28}$　　❹ $\frac{15}{28}$　　❺ $\frac{25}{28}$

解答・解説

3 まず、1個目が赤、2個目が赤、3個目が白となる確率を求める。

①8個中5個が赤なので、1個目に赤を引く確率は、$\dfrac{5}{8}$

②1個減って、残り7個中4個が赤なので、2個目に赤を引く確率は、$\dfrac{4}{7}$

③さらに1個減って、残り6個中3個が白なので、3個目に白を引く

確率は、$\dfrac{3}{6}$

赤・赤・白と引く確率は同時に起こるので、**3つの確率をかける。**

$$\dfrac{5}{8} \times \dfrac{4}{7} \times \dfrac{3}{6} = \dfrac{5}{28}$$

赤球2個、白球1個となるパターンは他に、

赤－白－赤、白－赤－赤がある。

つまり、**3パターン**あるので$\dfrac{5}{28} \times 3 = \dfrac{15}{28}$　　　答え ▶▶▶ ❹

- -

4 「少なくとも赤球1個」とは、

赤球1個だけ引く場合と2個とも赤球である場合の両方を表す。

この場合「それ以外の確率」である赤球が**1個も出ない確率**をつかう。

つまり、$\boxed{1-（2個とも白球の確率）}$で求めることができる。

2個とも白球である確率は、$\dfrac{3}{8} \times \dfrac{2}{7} = \dfrac{3}{28}$

少なくとも赤球1個が出る確率は、$1 - \dfrac{3}{28} = \dfrac{25}{28}$

答え ▶▶▶ ❺

割合・比

 例題 1 40人の中での8人は何％になるか。

割合＝比べる量（一部）÷もとにする量（全体）なので、

$8 ÷ 40 = 0.2$

0.2を％で表すと、$0.2 × 100 = 20％$　　　　　答え▶▶▶20％

 例題 2 150人の30％は何人か。

全体×割合＝一部なので、

$150 × 0.3（30％）= 45（人）$　　　　　答え▶▶▶45人

 例題 3 30人がある集団の20％のとき、この集団は何人か。

一部÷割合＝全体なので、

$30 ÷ 0.2（20％）= 150（人）$　　　　　答え▶▶▶150人

例題 4　4：3＝16：xのとき、xの値はいくつか。

1分解注！

⇒A：B＝C：Dのとき、**A × D ＝ B × C**となる。

…外側どうし、内側どうしをかける

$4 \times x = 3 \times 16$

$4x = 48$

$x = 12$

答え ▶▶▶ 12

例題 5　兄と弟の持っているお金の比は5：3である。2人の合計が4000円のとき、兄の持っているお金はいくらか。

1分解注！

2人が持っている金額をそれぞれ$5x$、$3x$とすると、

2人の合計は、**$5x + 3x = 8x$**となる。

2人の合計金額が4000円なので、

$8x = 4000$

$x = 500$

兄の持っているお金は$5x$なので、

$5x = 5 \times 500 = 2500$ （円）

答え ▶▶▶ 2500円

> ☆POINT☆
>
> 割合については、以下を理解しておこう！
> ・割合＝比べる量（一部）÷もとにする量（全体）
> ・全体×割合＝一部
> ・一部÷割合＝全体

割合・比

練習問題 1

目標解答時間 **6** 分

① 何ページかある本を、1日目に全体の $\frac{3}{8}$ を読み、2日目には残りの $\frac{5}{6}$ にあたる100ページを読んだ。
本は全部で何ページあるか。

❶ 186ページ　　❷ 192ページ　　❸ 198ページ　　❹ 202ページ
❺ 204ページ

- -

② あるくじは、あたりが全体の45%より30本少なく、はずれが全体の65%より10本少ない。
このとき、くじは全部で何本あるか。

❶ 280本　　❷ 320本　　❸ 360本　　❹ 400本　　❺ 440本

解答・解説

1

本を全部でxページとする。

①1日目に読んだページ数をxで表す。

　1日目に読んだページ数は、全体の$\dfrac{3}{8}$なので、$x \times \dfrac{3}{8} = \dfrac{3}{8}x$

②残りのページ数をxで表す。

　残りは、全部でxページのうち$\dfrac{3}{8}x$ページ読んだので、

　$x - \dfrac{3}{8}x = \dfrac{5}{8}x$

③2日目に読んだページ数をxで表す。

　2日目に読んだページ数は残りの$\dfrac{5}{6}$なので、$\dfrac{5}{8}x \times \dfrac{5}{6} = \dfrac{25}{48}x$

　…残りのページ数×2日目に読んだ割合

④xを求める。

　2日目に読んだ、$\dfrac{25}{48}x$が100ページなので、$\dfrac{25}{48}x = 100$

　$x = 100 \times \dfrac{48}{25} = 192$（ページ）　　　　　答え ▶▶▶ **❷**

- -

2

くじを全部でx本とする。

あたりくじの本数は**全体の45%より30本少ない**ので、

　$x \times 0.45 - 30 = 0.45x - 30$

はずれくじの本数は**全体の65%より10本少ない**ので、

　$x \times 0.65 - 10 = 0.65x - 10$

あたりの本数＋はずれの本数＝全部の本数なので、

　$\boxed{0.45x - 30} + \boxed{0.65x - 10} = x$

　$1.1x - 40 = x$　　$1.1x - x = 40$　　$x = 400$（本）　　答え ▶▶▶ **❹**

練習問題 2

目標解答時間 **10**分

③ 兄と弟の所持金の比が８：５であったが、兄は母から200円もらい、弟は400円使ったので、二人の所持金の比は３：１になった。
はじめの弟の所持金はいくらか。

❶ 800円　**❷** 1000円　**❸** 1200円　**❹** 1400円
❺ 1600円

----

④ 昨日、７対５の比で赤バラと白バラの花が庭に咲いていた。
今日、赤バラが10本、白バラが５本咲いたので、咲いている花の比は３対２になった。
今日咲いている赤バラと白バラの花の本数の合計として正しいのはどれか。

❶ 57本　**❷** 66本　**❸** 75本　**❹** 84本　**❺** 93本

3 兄の所持金を $8x$、弟の所持金を $5x$ とおく。

兄は母から200円もらったので、 $8x + 200$ 円。

弟は400円使ったので、 $5x - 400$ 円。

その結果、所持金の比が 3：1 になったので、式は、

$8x + 200 : 5x - 400 = 3 : 1$

$(8x + 200) \times 1 = (5x - 400) \times 3$

　…A：B＝C：Dのとき、A×D＝B×C

$8x + 200 = 15x - 1200$

$7x = 1400$

$x = 200$

はじめの弟の所持金は $5x$ なので、 $5 \times 200 = 1000$ （円） 答え ▶▶▶ ❷

- -

4 昨日咲いていたバラの本数をそれぞれ、**赤＝$7x$、白＝$5x$** とすると、

今日、赤いバラが10本、白いバラが5本咲き、

咲いている花の比が3対2になったので、

　　赤　：　白　　赤：白
$7x + 10 : 5x + 5 = 3 : 2$

$(7x + 10) \times 2 = (5x + 5) \times 3$

　…A：B＝C：Dのとき、A×D＝B×C

$14x + 20 = 15x + 15$

$x = 5$

今日咲いているバラは、赤：$7x + 10$、白：$5x + 5$ なので、合計は

$7 \times 5 + 10 + 5 \times 5 + 5 = 75$ （本） 答え ▶▶▶ ❸

04 売買損益

例題 1 原価が1200円の商品に20%の利益を見込んで定価をつけたら、定価はいくらになるか。

利益は原価の20%なので、1200 × 0.2 = 240（円）

原価＋利益＝定価より、

1200 ＋ 240 ＝ 定価

1200+240 ＝ 1440（円）

別解 定価を求める場合、**（1＋利益率）** をかけて求めることもできる。

1200 × （1 ＋ 0.2）＝ 1200 × 1.2 ＝ 1440（円）

答え ▶▶▶ 1440円

例題 2 定価1200円の商品を3割引きで売ったとき、売値はいくらになるか。

値引き額は定価の3割なので、1200 × 0.3 = 360（円）

定価－値引き額＝売値より、

1200 － 360 ＝ 840（円）

別解 値引き後の売値を求める場合、**（1－割引率）** をかけて求めることもできる。

1200 × （1 － 0.3）＝ 1200 × 0.7 ＝ 840（円）

答え ▶▶▶ 840円

例題 3 ある品物に25％の利益を見込んで定価をつけたら 1500円になった。原価はいくらか。

原価をx円とすると、**原価＋利益＝定価**なので、

$x + 0.25x = 1500$ （円）

$1.25x = 1500$

$x = 1200$ （円）

答え ▶▶▶ 1200円

POINT

損益については以下の式を理解しておこう。

・原価（仕入れ値）＋利益＝定価（売値）

・原価×仕入れ個数＝仕入れ総額

・売値×販売個数＝総売り上げ

・総利益＝総売り上げ−仕入れ総額

練習問題 1

① ある商品に原価の20%の利益を見込んで660円の定価をつけた。
この商品を10%引きで売ったとき、利益はいくらになるか。

❶ 30円   **❷** 36円   **❸** 40円   **❹** 44円   **❺** 46円

- -

② メロンを1個あたり300円で50個仕入れた。原価の2割の
利益を見込んで定価をつけて売ったところ、5個だけ売れ
残った。
売れ残った5個は定価の1割引きにしたら全部売れた。
このとき、総利益はいくらになるか。

❶ 2820円   **❷** 2860円   **❸** 2900円   **❹** 2940円
❺ 3000円

解答・解説

① **売値－原価＝売値に対する利益**で求める。

①原価を求める。

原価を a 円とすると、原価＋利益＝定価 なので、

$a + 0.2a = 660$　　$1.2a = 660$　　$a = 550$（円）

②値引き後の売値を求める。

定価－値引き額＝売値 なので、

$660 × (1 - 0.1) = 660 × 0.9 = 594$（円）

③差額から利益を求める。

売値－原価＝利益 なので、$594 - 550 = 44$（円）　　答え▶▶▶ **④**

- -

② **総利益＝総売り上げ－仕入れ総額**なので、

利益を求めるうえで、総売り上げと仕入れ総額を求める。

①仕入れ総額を求める。

1個300円で50個仕入れたので、

仕入れ総額は、原価×仕入れ個数 より、$300 × 50 = 15000$（円）

②定価での売上を求める。

原価＋利益＝定価 なので、$300 × (1 + 0.2) = 360$（円）

定価での販売個数は $50 - 5 = 45$（個）

定価での売上は $360 × 45 = 16200$（円）

③値引き後の売上を求める。

定価－値引き額＝売値 なので、$360 × (1 - 0.1) = 324$（円）

値引き後の販売個数は 5個

値引き後の売上は $324 × 5 = 1620$（円）

④総利益を求める。

総売り上げは、$16200 + 1620 = 17820$（円）

総利益は、$17820 - 15000 = 2820$（円）

…総売り上げ－仕入れ総額＝総利益　　答え▶▶▶ **①**

練習問題 2

目標解答時間 ☐ 分

③ ある食材を定価の2割引きで売ると80円の利益があり、3割引きで売ると40円の損失になるという。
この食材の原価として妥当なものはどれか。

❶ 780円　　**❷** 800円　　**❸** 880円　　**❹** 1000円　　**❺** 1200円

----

④ 商店Aではある日、商品Xを仕入れ価格の1.2倍の販売価格で50個完売した。
次の日、商品Yを仕入れ価格の1.4倍の販売価格で50個完売したが、その仕入れ価格は商品Xの仕入れ価格よりも20%低かった。
その日の商品Yの売上は、前日の商品Xの売上に比べて、4000円低かったとすると、商品Xの1個あたりの仕入れ価格はいくらか。

❶ 800円　　**❷** 1000円　　**❸** 1200円　　**❹** 1400円
❺ 1600円

解答・解説

③ **食材の定価を a 円**とする。

売値－利益＝原価 なので、それぞれ原価は、

2割引：$0.8a - 80$

3割引：$0.7a + 40$ 　　…$0.7a - (-40)$

と表すことができる。

どちらも原価を表す式なので、等式（＝）で結ぶことができる。

$$0.8a - 80 = 0.7a + 40$$
$$0.1a = 120$$
$$a = 1200（円）\quad …定価$$

原価は $0.8a - 80$ 円なので、　$a = 1200$ を代入すると、

$0.8 \times 1200 - 80 = 960 - 80 = 880$（円）　　　　　　答え ▶▶▶ **③**

- -

④ **商品 X の 1 個あたりの仕入れ価格を x 円**とすると、

商品 X を仕入れ価格の 1.2 倍で 50 個完売したので、商品 X の売上は、

$1.2x \times 50 = 60x$（円）

…仕入れ値×利益率＝定価、定価×売上数＝売上額

商品 X の仕入れ価格よりも 20% 低い仕入れ価格の商品 Y を、
仕入れ価格の 1.4 倍で 50 個完売したので、商品 Y の売上は、

$x \times 0.8 \times 1.4 \times 50 = 56x$（円）

その日の商品 Y の売上は、前日の商品 X の売上に比べて、
4000 円低かったので、

$60x - 56x = 4000 \quad 4x = 4000 \quad x = 1000$（円）　　　答え ▶▶▶ **②**

05 濃度

例題 1 濃度が8%の食塩水300gには、何gの食塩が溶けているか。

1分解法! 食塩の量＝濃度×食塩水の量なので、
0.08 × 300 = 24（g）

答え ▶▶▶ 24 g

例題 2 食塩25gを溶かした食塩水が500gある。この食塩水の濃度は何％か。

1分解法! 濃度＝食塩の量÷食塩水の量なので、
25 ÷ 500 = 0.05 = 5（%）

答え ▶▶▶ 5 %

例題 3 水171gに9gの食塩を溶かしたら、濃度は何％になるか。

 水＋食塩＝食塩水の量なので、
171 + 9 = 180（g）

濃度＝食塩の量÷食塩水の量なので、
9 ÷ 180 = 0.05 = 5（%）

答え ▶▶▶ 5 %

例題 4 濃度7％で食塩が21g溶けている食塩水は、何gか。

1分解法！ **食塩水の量＝食塩の量÷濃度**なので、
21 ÷ 0.07 = 300（g）

答え ▶▶▶ 300 g

例題 5 16％の食塩水150gと８％の食塩水250gを混ぜてできた食塩水の濃度は何％か。

1分解法！ **濃度×食塩水の量＝食塩の量**で、
それぞれの食塩の量を求める。

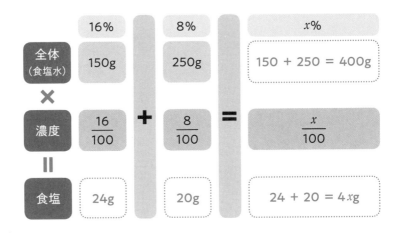

x％の食塩水400gに含まれる食塩の量は $4x$g であり、

これは、16％の食塩水と８％の食塩水それぞれの食塩の合計44g

と同じなので、$4x = 44$ となる。

これを解いて、$x = 11$（％）

答え ▶▶▶ 11％

目標解答時間 **3** 分

1 6%の食塩水300gから水を蒸発させて7.5%の食塩水にするには、何gの水を蒸発させればいいか。

❶ 55g ❷ 60g ❸ 65g ❹ 70g ❺ 75g

解答・解説

1 **蒸発させる水の量をxgとおく。**

※水の中に塩は入っていないので、濃度は0％

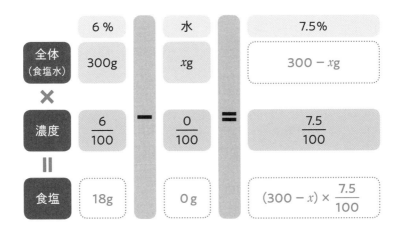

7.5％の食塩水$300 - x$gの中に含まれる食塩の量を求める。

囲み: 濃度×食塩水の量＝食塩の量 なので、

$$(300 - x) \times \frac{7.5}{100} = 22.5 - \frac{7.5}{100}x$$

また、7.5％の食塩水に含まれる食塩の量は、

6％の中の食塩の量と同じ18gなので、

$$22.5 - \frac{7.5}{100}x = 18 \quad となる。\quad これを解いて$$

$$- \frac{7.5}{100}x = -4.5$$

$$x = 60 \text{（g）} \quad \cdots 両辺に - \frac{100}{7.5}をかける$$

答え ▶▶▶ ❷

練習問題 2

目標解答時間 **6** 分

2 10％の食塩水が250gあり、この食塩水50gを捨てて、水50gを加えた。
このとき、食塩水の濃度として妥当なのはどれか。

❶ 5％　　**❷** 6％　　**❸** 7％　　**❹** 8％　　**❺** 9％

- -

3 8％の食塩水Ａが100g、12％の食塩水Ｂが150g、濃度のわからない食塩水Ｃが350g、水が200gある。すべてを混ぜ合わせると、5％の食塩水となった。
このときの食塩水Ｃの濃度は何％か。

❶ 4％　　**❷** 5％　　**❸** 6％　　**❹** 7％　　**❺** 8％

解答・解説

2 ▶ **最終的にできあがった食塩水の濃度をx%とする。**

最終的な食塩水の量は、250 − 50 + 50 = 250（g）である。

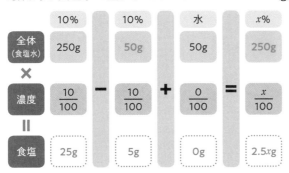

x%の食塩水に含まれる塩の量は2.5xgであり、

これは25 − 5 + 0 = 20gと同じ食塩の量なので、

2.5x = 20　となる。これを解くとx = 8 %　　　　　答え ▶▶▶ **④**

- -

3 ▶ **食塩水Cの濃度をx%とする。**

最終的な食塩水の量は、100 + 150 + 350 + 200 = 800gである。

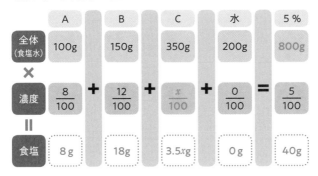

5%の食塩水に含まれる塩の量は40gであり、

これは8 + 18 + 3.5x + 0 = 26 + 3.5xgと同じ塩の量なので、

26 + 3.5x = 40　　3.5x = 14　　x = 4 %　　　　答え ▶▶▶ **①**

06 速さ

例題 1 5時間で120kmの距離を進む速さを求めなさい。

「速さ」は**距離÷時間**で求めることができる。
距離÷時間＝速さより、

120 ÷ 5 = 24

答え ▶▶▶ 時速24km

例題 2 360kmの距離を時速80kmで進んだときにかかる時間を求めなさい。

「時間」は**距離÷速さ**で求めることができる。
距離÷速さ＝時間より、

360 ÷ 80 = 4.5

答え ▶▶▶ 4.5時間

例題 3 時速70kmの車が5時間で進む距離を求めなさい。

1分解法！

「距離」は**速さ×時間**で求めることができる。

速さ×時間＝距離より、

70 × 5 = 350

答え ▶▶▶ 350km

POINT

速さ・距離・時間の関係を理解しておこう。

速さ×時間＝距離　　距離÷時間＝速さ

距離÷速さ＝時間

時間について

1分 = $\frac{1}{60}$ 時間（〇分を60で割ると時間になる）

例）40分 = $\frac{40}{60}$ 時間 = $\frac{2}{3}$ 時間

距離について

1km = 1000m（kmに1000をかけるとmになる）

例）4km = 4000m

　　3000m = 3km

速さについて

時速：1時間（＝60分）で進む距離

分速：1分（＝60秒）で進む距離

秒速：1秒で進む距離

速さ

練習問題 1

目標解答時間 4 分

① 秒速20mで走る電車の時速として正しいものはどれか。

❶ 時速48km　　**❷** 時速54km　　**❸** 時速60km
❹ 時速64km　　**❺** 時速72km

- -

② 時速120kmの電車が15分で進む距離として正しいものはどれか。

❶ 18km　　**❷** 24km　　**❸** 30km　　**❹** 36km　　**❺** 42km

解答・解説

1 秒速20 mということは、1秒で20m進むということである。
つまり、2秒で20 × 2 = 40 m、3秒で20 × 3 = 60 m進むことになる。
ここから、1分 = 60秒で進む距離は、20 × 60 = 1200 m、
つまり、分速1200 mとわかる。

同様に、1分で1200 m進むので、1時間 = 60分では
1200 × 60 = 72000 m、つまり時速72000 mであるとわかる。
距離の単位をmからkmにするには、1000m = 1 kmなので、
1000で割ればよい。
72000 ÷ 1000 = 72 （km）

別解 なお、秒速〇mの〇に3.6をかけると、時速●kmにすることができる。
20 × 3.6 = 72なので、秒速20 mは時速72kmとなる。

答え ▶▶▶ **5**

- -

2 15分で進む距離を聞かれているので、まず、時速を分速にする。
時速120kmということは、1時間（60分）で120km進むので、
1分で進む距離（分速）は60で割って求めることができる。
時速120km ÷ 60 = 分速2 km

15分で進む距離は、$\boxed{速さ × 時間 = 距離}$ より、2 × 15 = 30 （km）

答え ▶▶▶ **3**

速さ

練習問題 2

目標解答時間 ⬭ 分

3- 8km 離れた駅へ行くのに、はじめの30分は分速200mで走り、残りは分速50mで歩いた。
このとき、駅に着くまでにかかった時間を求めなさい。

❶ 42分　❷ 49分　❸ 56分　❹ 63分　❺ 70分

- -

4- A町から4.2km 離れた B町まで行くのに山を越えて行く。
A町から山頂までは分速60m、山頂から B町までは分速120mで進んだ結果、50分かかった。
このとき、A町から山頂までの距離を求めなさい。

❶ 1200m　❷ 1400m　❸ 1600m　❹ 1800m　❺ 2000m

解答・解説

3 まず、はじめの30分で分速200mで走った距離を求める。

分速200mで走った距離は、速さ×時間＝距離 より、

$200 × 30 = 6000$ (m)

6000m走ったので、残りの距離は、

8km（8000m）$- 6000m = 2000m$

歩いた時間は、距離÷速さ＝時間 より、$2000 ÷ 50 = 40$（分）

全部でかかった時間は、$30 + 40 = 70$（分）　　　　答え ▶▶▶ **5**

- -

4

A ─① 分速60m、x m ─ 山頂 ─② 分速120m、$(4200 - x)$ m ─ B

③ 4.2km = 4200m、50分

AからBまでの距離が4200mなので、Aから山頂までの距離をxmと

すると、山頂からBまでの距離は$4200 - x$mとなる。

それぞれの速さ・距離から、かかった**時間**を求める。

距離÷速さ＝時間 より、

①A→山頂　$x ÷ 60 = \dfrac{x}{60}$（分）

②山頂→B　$(4200 - x) ÷ 120 = \dfrac{4200 - x}{120}$（分）

AからBまで合計50分かかっているので、

時間を ①A→山頂 ＋ ②山頂→B ＝ ③A→B という式にすると、

$\dfrac{x}{60} + \dfrac{4200 - x}{120} = 50$

整数になるように式全体を120倍すると、$2x + 4200 - x = 6000$

$x = 1800$（m）　　　　答え ▶▶▶ **4**

旅人算

例題 1 3.2km 離れた家と駅の間を、Aは分速90ｍの速さで駅から、Bは分速７０ｍの速さで家から同時に向かい合って出発した。
２人が出会うのは、出発してから何分後か。

２人が反対方向（右と左）に進んでいる。
この場合、**２人の速さをたして、速さを求める**。

出会うまでにかかった時間は、$\boxed{距離 \div 速さ = 時間}$ より、
3200 ｍ ÷ (90 + 70)
= 3200 ÷ 160 = 20 （分）

答え ▶▶▶ 20分

例題 2　弟は分速80mの速さで家を出発した。兄は家を6分後
に出発し、分速120mの速さで弟を追いかけた。
兄は出発してから何分後に弟に追いつくか。

**1分
解法！**　兄が出発する時点で、**弟は分速80ｍで6分先に進んでいる**。
つまり、 速さ×時間＝距離 より、弟は $80 \times 6 = 480$ m前にいる。

2人は同じ方向（どちらも右）に進んでいるので、
速さは、ひいて求める。

つまり、兄の速さ－弟の速さが「速さ」となる。

追いつくまでにかかる時間は、 距離÷速さ＝時間 より、
$480 \div (120 - 80)$
$= 480 \div 40 = 12$（分）

答え ▶▶▶ 12分

POINT

旅人算では下の2つのケースを押さえておこう。

2人が反対方向に進むとき⇒2人の速さをたす

2人が同じ方向へ進むとき
⇒（速いほうの速さ）－（遅いほうの速さ）

練習問題 1

① 兄の歩く速さは分速65m、弟の歩く速さは分速55mである。840m離れた２地点から２人が同時に向かい合って歩きはじめたとき、２人は出発してから何分後に出会うか。

❶5分　❷6分　❸7分　❹8分　❺9分

- -

② 1周5.0kmの環状コースがある。

このコースをＡは時計回りに走りはじめ、ＢはＡがスタートしてから５分後にＡが走りはじめた地点から分速260mで反時計回りに走りはじめた。

Ａが走りはじめてから15分後にＡとＢが初めて出会ったとき、Ａが環状コースを１周走るのにかかる時間を求めなさい。

❶30分15秒　❷30分30秒　❸30分45秒　❹31分
❺31分15秒

解答・解説

① 向かい合って進んでいるので、速さは、**2人の速さをたす**。

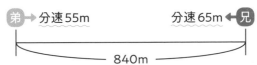

弟 → 分速55m　　　　　分速65m ← 兄

|← 840m →|

出会うまでにかかった時間は、 距離÷速さ＝時間 より、

840 ÷ (65 + 55) = 840 ÷ 120 = 7 （分後）　　　答え ▶▶▶ **③**

---

②

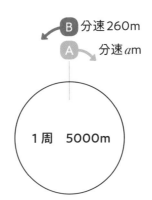

B 分速260m

A 分速am

1周　5000m

まず、Aの速さを分速amとして、**Aの速さ**を求める。

Aが15分進んだ距離とBが10分進んだ距離の合計が

1周（5000 m）なので、　　└→ Aの5分後にスタートしているので

速さ×時間＝距離 より、

$a × 15 + 260 × 10 = 5000$　　　$15a = 2400$　　　$a = 160$…Aは**分速160 m**

Aが1周走るのにかかる時間は、 距離÷速さ＝時間 より、

$5000 ÷ 160 = 31\dfrac{1}{4} = 31$分$15$秒　　　答え ▶▶▶ **⑤**

└→ $\dfrac{1}{4}$分＝ 15秒なので

練習問題 2

目標解答時間 4 分

③ ある池の周りをA君は時速8kmで、B君は時速12kmで同じ地点から同じ方向へ同時に走りはじめたところ、A君はB君よりちょうど10分遅れてスタート地点へ戻ってきた。
今度は、この2人が同じ池の周りを同じ地点から、初回と同じ速度でそれぞれが別々の方向に同時に走りはじめるとき、2人が出会うのは何分後か。

❶ 12分　　❷ 14分　　❸ 16分　　❹ 18分　　❺ 20分

解答・解説

③

時速12km ⒝
時速8km Ⓐ

まず、**2人が池を1周するのにかかる**時間を求める。

Bが池の周りを1周する時間を a 時間とすると、

Aのほうが10分遅いので、Aが1周する時間は、$a + \dfrac{1}{6}$ 時間となる。

$$\cdots 分 \times \dfrac{1}{60} = 時間$$

Bが時速12kmで a 時間進む距離と、Aが時速8kmで $a + \dfrac{1}{6}$ 時間進む距離

は同じなので、$\boxed{速さ \times 時間 = 距離}$ より、

$$12 \times a = 8 \times \left(a + \dfrac{1}{6}\right) \qquad 12a = 8a + \dfrac{8}{6}$$

$a = \dfrac{1}{3}$（時間）　…Bが池の周りを1周する時間

次にBの速さと時間から池1周の距離を求める。

池1周の距離は、$\boxed{速さ \times 時間 = 距離}$ より、

$$12 \times \dfrac{1}{3} = 4 \ (km)$$

2人が別々の方向に進んだとき、出会うまでにかかる時間は、

$\boxed{距離 \div 速さ = 時間}$ より、

$$4 \div (12 + 8) = 4 \div 20 = 0.2 \ (時間)$$

$0.2 \times 60 = 12$（分後）　…時間 × 60 = 分

答え ▶▶▶ ❶

08 通過算

例題 1 秒速20mの速さで進む電車が、電柱の前を通りすぎるのに20秒かかった。
この電車が1.4kmのトンネルを通り抜けるのにかかる時間は何秒か。ただし、電柱の幅は考えないものとする。

1分解法！

まず、**電車の長さ**を求める。

電柱の前を通り過ぎるとき、電車は電車の長さぶん進んでいる。
電車が進んだ距離、すなわち電車の長さは、 速さ×時間＝距離
なので、20×20＝400（m）

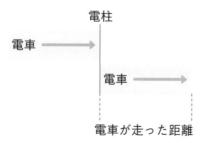

電柱

電車 →

電車 →

電車が走った距離

トンネルを通り抜けるとき、
電車は、 トンネルの長さ＋電車の長さ ぶん進む。
進んだ距離は1400＋400＝1800（m）
かかった時間は、 距離÷速さ＝時間 より、1800÷20＝90（秒）

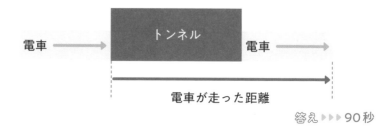

電車 →

トンネル

電車 →

電車が走った距離

答え ▶▶▶ 90秒

例題 2 秒速25mで走る長さ600mの電車Aと、秒速20mで走る長さ300mの電車Bが反対方向に走っている。2つの電車が出会ってからすれ違うまでにかかる時間は何秒か。

2つの電車がすれ違うのにかかる時間は、

（2つの電車の長さの合計）÷（2つの電車の速さの合計）

で求めることができる。

2つの電車がすれ違うとき、2つの電車が進んだ距離の合計は、**2つの電車の長さの合計**となる。

すれ違うのにかかる時間は、 距離÷速さ＝時間 なので、

（600 ＋ 300）÷（25 ＋ 20）＝ 900 ÷ 45 ＝ **20**（秒）

答え ▶▶▶ 20秒

POINT

①トンネルや鉄橋を通過するとき

⇒電車が進む距離は、トンネル（鉄橋）の長さ＋電車の長さ

②2つの電車がすれ違うとき

⇒（2つの電車の長さの合計）÷（2つの電車の速さの合計）＝すれ違いにかかる時間

③電車が追い越すとき

⇒（2つの電車の長さの合計）÷（速い電車の速さ－遅い電車の速さ）＝追い越しにかかる時間

練習問題 1

目標解答時間 4分

① 時速108kmで走る長さ270mの電車Aが、鉄橋を渡りはじめてから渡り終えるまでに48秒かかる。

同じ鉄橋を長さ130mの電車Bが渡りはじめてから渡り終えるまでに52秒かかる。

このとき、電車Bの速さを求めなさい。

❶ 秒速15m　　**❷** 秒速20m　　**❸** 秒速25m　　**❹** 秒速30m
❺ 秒速35m

解答・解説

1 まず、**鉄橋の長さ**を求める。

電車Aは時速108kmで48秒進んでいる。

※kmをmに直す（×1000）→時速を分速に直す（÷60）

　→分速を秒速に直す（÷60）

時速108km＝時速108000m＝分速1800m＝秒速30m

秒速30mで48秒進んでいるので、 速さ×時間＝距離 より、

30 × 48 ＝ 1440 （m）進んでいる。

電車Aが、鉄橋を渡りはじめてから渡り終えるまでに進んだのは、

鉄橋の長さ ＋ 電車の長さ なので、

鉄橋の長さは、1440 − 270 ＝ 1170 （m）である。

次に、**電車Bの速さ**を求める。

電車Bは渡りはじめてから渡り終えるまでに52秒かかっている。

つまり、 鉄橋の長さ ＋ 電車の長さ を進むのに52秒かかっている。

進んだ距離は、1170 ＋ 130 ＝ 1300 （m）

1300mを52秒で進んでいるので、

距離÷速さ＝時間 より、

1300 ÷ 52 ＝ 25 　→秒速25m

答え ▶▶▶ ❸

練習問題 2

目標解答時間 4 分

② 長さ120mで秒速20mの列車Aが、長さ80mで反対方向に
走る列車Bと出会ってからすれ違うまでに4秒かかる。
この列車Bが、同じ方向に走る列車Aに追いついたとき、
追い越すまでに要する時間は何秒か。

❶ 5秒　　❷ 10秒　　❸ 15秒　　❹ 20秒　　❺ 25秒

解答・解説

2 2つの電車がすれ違うとき、

2つの電車が進んだ距離の合計は、2つの電車の長さとなる。

これを「時間」で割ると、**2つの電車の速さの合計**となる。

（2つの電車の長さの合計）÷すれ違いにかかる時間 ＝（2つの電車の速さの合計）

まず、問題文からわからない**Bの速さ**を求める。

（120＋80）÷4　…A・B2つの速さの合計

＝200÷4＝50　→秒速50m

Aの速さは秒速20mなので、

Bの速さは、50－20＝30　→秒速30m

次に、**追い越すまでにかかる時間**を求める。

電車を追い越す場合、次の式から求めることができる。

（2つの電車の長さの合計）÷（速い電車の速さ－遅い電車の速さ） ＝追い越すのにかかる時間

列車Aが長さ120m・速さ20m／秒、

列車Bが長さ80m・速さ30m／秒なので、

（120＋80）÷（30－20）＝200÷10＝20（秒）

答え ▶▶▶ ❹

仕事算

例題 ある仕事を完成させるのに、Aだけでは12日、Bだけでは4日かかる。
この仕事を2人でおこなうと何日かかるか。

1分解法！

全体の仕事量を1とおいて、1日（1時間）の仕事量を求めて計算する。

①A・Bそれぞれの**1日の仕事量**を求める。

・Aは12日間で仕事を完成させる。

　Aが1日でできる仕事は全体の $\dfrac{1}{12}$

・Bは4日間で仕事を完成させる。

　Bが1日でできる仕事は全体の $\dfrac{1}{4}$

※「〇日間かかる」は、〇をそのまま分母にもってくると、

　1日の仕事量になる… $\dfrac{1}{〇}$

②AとB、**2人の1日の仕事量**を求める。

　Aは $\dfrac{1}{12}$、Bは $\dfrac{1}{4}$ の仕事を1日におこなうので、合計は

$$\dfrac{1}{12} + \dfrac{1}{4} = \dfrac{1}{12} + \dfrac{3}{12} = \dfrac{4}{12} = \dfrac{1}{3}$$

　つまり、2人で1日に全体の $\dfrac{1}{3}$ の仕事を完成させる。

③**仕事を完成させるのに何日かかるか**を求める。

全体の仕事量÷１日の仕事量 で、何日かかるかを求めることができる。

$$1 \div \frac{1}{3} = 3 \text{（日）}$$

よって、ＡとＢの２人で仕事をおこなう日数は、３日となる。

答え ▶▶▶３日

POINT

〇仕事全体の量を1として、1日あたりの仕事量を求める。

(仕事全体の量)÷(1日あたりの仕事量)

=(仕事を終わらせるのに必要な日数)

〇整数値で割り切れない場合は、端数も1日と考えよう。

たとえば、仕事を終わらせるのに必要な日数が2.4日となったら、3日と答えよう。

練習問題 1

① 8人ですると15日かかる仕事がある。
この仕事を、はじめの6日間は12人でおこない、残りを6日間で終えるには、残りの仕事を何人ですればよいか。

❶6人　　❷8人　　❸10人　　❹12人　　❺14人

解答・解説

❶ **全体の仕事量を 1 とおく。**

①1人が1日におこなう仕事量を求める。

　8人だと、15日間で仕事が完了する。

　8人が1日で完了させる仕事量は、$1 \div 15 = \dfrac{1}{15}$

　1人が1日で完了させる仕事量は、$\dfrac{1}{15} \div 8 = \dfrac{1}{120}$

②はじめの6日間で終わった仕事量と残りの仕事量を求める。

　1人が1日に $\dfrac{1}{120}$ の仕事をし、これを12人で6日間おこなうので、

　$\dfrac{1}{120} \times 12人 \times 6日 = \dfrac{72}{120}$

　6日終わった時点での残りの仕事量は、

　$\boxed{\text{全体の仕事量} - 6日までの仕事量}$ より、

　$1 - \dfrac{72}{120} = \dfrac{120}{120} - \dfrac{72}{120} = \dfrac{48}{120}$

③残りの仕事を終えるのに必要な日数を求める。

　残りの仕事を x 人でするとする。

　x 人で6日間働いて $\dfrac{48}{120}$ の仕事を終わらせるので、次の式が成り立つ。

　$\dfrac{1}{120} \times x人 \times 6日 = \dfrac{48}{120}$

　これを解くと

　$\dfrac{6}{120} x = \dfrac{48}{120}$

　$x = 8$（人）　…両辺に $\dfrac{120}{6}$ をかける

答え ▶▶▶ ❷

練習問題 2

2 7人が3時間働いて予定の仕事の$\frac{1}{4}$を終えた。

残りの仕事をするのに、人数をあと2人増やして9人でおこなう。

このとき、仕事を終えるのに全部で何時間かかるか。

❶ 7時間　　❷ 8時間　　❸ 9時間　　❹ 10時間　　❺ 11時間

解答・解説

2 **全体の仕事量を 1 とおく。**

① 1人が1時間におこなう仕事量を求める。

7人で、3時間働くと、予定の $\dfrac{1}{4}$ が完了する。

7人が1時間で完了する仕事量は、$\dfrac{1}{4} \div 3 = \dfrac{1}{12}$

1人が1時間で完了する仕事量は、$\dfrac{1}{12} \div 7 = \dfrac{1}{84}$

② 残りの仕事を終えるのに必要な時間を求める。

すでに全体の仕事量の $\dfrac{1}{4}$ は終わっているので、

残りの仕事量は、$1 - \dfrac{1}{4} = \dfrac{3}{4}$

残りの仕事を終えるのに x 時間かかるとする。

9人で x 時間働いて、$\dfrac{3}{4}$ の仕事を終えるので、

$$\dfrac{1}{84} \times 9\text{人} \times x\text{時間} = \dfrac{3}{4}$$

これを解くと

$$\dfrac{3}{28} x = \dfrac{3}{4}$$

$x = 7$（時間） …両辺に $\dfrac{28}{3}$ をかける

③ はじめに3時間働いているので、仕事を終えるのにかかる時間は全部で、

3 ＋ 7 ＝ 10（時間）

答え ▶▶▶ ❹

10 倍数と約数

180・144・54の最大公約数、最小公倍数を求めなさい。

 最大公約数、最小公倍数を求めるには、以下の流れで計算していく。

①3つ共通して割れる数で割っていく

②①ができなくなったら、2つ共通して割れる数で割る

```
2 )180    144    54
3 ) 90     72    27
3 ) 30     24     9
2 ) 10      8     3
      5      4     3
```

・**最大公約数**

①で割った数を全部かけた数（赤で囲んだ部分）。

$2 \times 3 \times 3 = 18$

答え ▶▶▶ 18

・**最小公倍数**

②まで全部割った数と割った後の答えを全部かけた数（L字の灰色部分）。

$2 \times 3 \times 3 \times 2 \times 5 \times 4 \times 3 = 2160$

答え ▶▶▶ 2160

例題 2　100までの自然数の中に、3の倍数はいくつあるか。

1分
解法！

$100 ÷ 3 = 33$ あまり 1

⇒ 33 となる。

答え ▶▶▶ 33

このように、倍数の数は割り算で求めることができる。

- -

例題 3　800の約数はいくつあるか。

1分
解法！

ある数の約数の個数は、

ある数 $= A^X × B^Y × C^Z$ のとき、

$(X + 1) × (Y + 1) × (Z + 1)$ で求めることができる。

$800 = 2 × 2 × 2 × 2 × 2 × 5 × 5$

$= 2^5 × 5^2$

約数の個数は、

$(5 + 1) × (2 + 1) = 6 × 3 = 18$

答え ▶▶▶ 18

✨ POINT ✨

○ある数を整数倍してできた数が倍数。

5の倍数は、$5 × 1 = 5$　$5 × 2 = 10$　$5 × 3 = 15$

倍数の個数は、割り算で求めることができる。

○ある数を割り切ることのできる数が約数。

たとえば、$15 ÷ 3 = 5$ なので、3と5は15の約数。

約数の個数を求めるには、書き出していく方法と

例題3の方法がある。

練習問題 1

目標解答時間 6 分

① 縦3cm、横4cm、高さ2cmの直方体を同じ向きに積み重ねて、できるだけ小さい立方体を作る。この場合、直方体を何個使うか。

① 54個　**②** 72個　**③** 90個　**④** 108個　**⑤** 126個

- -

② 赤いペンが60本、青いペンが84本、黒いペンが96本ある。赤、青、黒のペンがそれぞれ同じ数ずつになるように、できるだけ多くの人数に分けるとき、何人に分けることができるか。

① 6人　**②** 8人　**③** 10人　**④** 12人　**⑤** 14人

解答・解説

1 立方体を作るので、直方体を積み重ねて、
縦・横・高さを同じ長さにする必要がある。
できるだけ小さい立方体なので、
立方体の1辺の長さは**3・4・2の最小公倍数**となる。

2)	3	4	2
	3	2	1

3・4・2の最小公倍数は、2 × 3 × 2 × 1 = 12
よって、立方体の1辺の長さは12cmとなる。

1辺が12cmの立方体を作るために必要な立方体の数は、
縦　：12 ÷ 3 = 4（個）
横　：12 ÷ 4 = 3（個）
高さ：12 ÷ 2 = 6（個）

4 × 3 × 6 = 72（個）

答え ▶▶▶ ❷

- -

2 赤・青・黒のペンがそれぞれ同じ数になるように、
できるだけ多くの人数に分けるので、
人数は60・84・96のいずれも割り切れる数となる。
つまり、**人数は60・84・96の最大公約数**となる。

2)	60	84	96
2)	30	42	48
3)	15	21	24
	5	7	8

2 × 2 × 3 = 12（人）

答え ▶▶▶ ❹

練習問題 2

目標解答時間 ■ 分

③ 100から500までの整数の中に、6と8の公倍数は何個あるか。

❶14個　❷15個　❸16個　❹17個　❺18個

---

④ 2000の約数の個数として、正しいのはどれか。

❶16個　❷17個　❸18個　❹19個　❺20個

解答・解説

3 公倍数の個数は、最小公倍数の倍数の個数と等しくなる。

6と8の最小公倍数は、24である。

つまり、24の倍数の個数を求めればよい。

1～500：500÷24＝20あまり20

⇒24の倍数は20個ある。

1～99：99÷24＝4あまり3

⇒24の倍数は4個ある。

よって、100から500までの整数の中に、6と8の公倍数は、

20－4＝16個ある。

答え ▶▶▶ **3**

4 ある数の約数の個数は、

ある数＝$A^X × B^Y × C^Z$ のとき

（X＋1）×（Y＋1）×（Z＋1） で求めることができる。

$2000 = 2 × 2 × 2 × 2 × 5 × 5 × 5$

$= 2^4 × 5^3$

約数の個数は、

（4＋1）×（3＋1）

＝5×4＝20（個）

答え ▶▶▶ **5**

11 面積

例　題 下の図は、半円と直角三角形が重なっている。
Aの部分とBの部分の面積が等しいとき、xの長さを求めなさい。

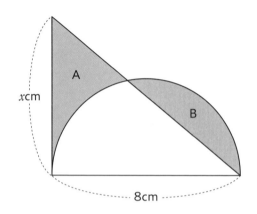

xcm

A

B

8cm

1分解法！ AとBの面積が同じという点に着目する。

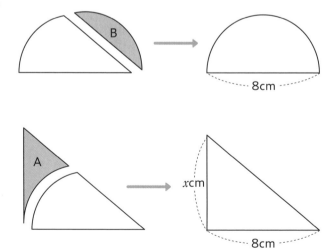

B

8cm

A

xcm

8cm

AとBの面積が同じということは、

前ページの下図にある **半円と三角形の面積も等しくなる** ことがわかる。

半円の面積は、 半径×半径×円周率× $\dfrac{1}{2}$ なので、

$$4 \times 4 \times \pi \times \dfrac{1}{2} = 8\pi \ (\mathrm{cm^2})$$

ここから、三角形の面積も $8\pi \ \mathrm{cm^2}$ となる。

三角形の面積は、 底辺×高さ× $\dfrac{1}{2}$ なので、

$$8 \times x \times \dfrac{1}{2} = 8\pi$$

$$4 \times x = 8\pi \qquad x = 8\pi \div 4 \qquad x = 2\pi \ (\mathrm{cm})$$

答え ▶▶▶ 2π cm

POINT

○形は異なっていても、**面積が等しくなっている部分に着目する**。そのときに具体的な面積がわかる必要はない。

○公式の利用の仕方を考える。三角形の面積を求める公式からは、底辺や高さを求めることもできる。

○1つの形をいくつかの面積の「和」や「差」で考える。

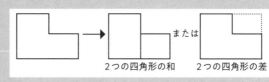

2つの四角形の和   または   2つの四角形の差

練習問題 1

① 下の四角形 ABCD は、一辺8cm の正方形とおうぎ形を組み合わせた図形である。
影をつけた部分の面積を求めなさい。

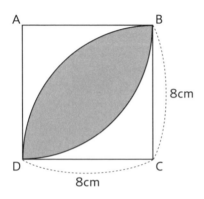

❶ 128 π − 128cm² ❷ 128 π − 64cm² ❸ 32 π − 128cm²

❹ 32 π − 64cm² ❺ 64 π − 64cm²

解答・解説

①

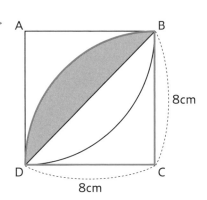

赤線のおうぎ形から直角二等辺三角形の面積をひくと、
上の図形の影をつけた部分の面積を求めることができる。

おうぎ形の面積はこの場合、円の面積（半径×半径×π）の$\dfrac{1}{4}$と考えればよい。　…$8 \times 8 \times \pi \times \dfrac{1}{4}$

三角形の面積は、底辺×高さ×$\dfrac{1}{2}$　…$8 \times 8 \times \dfrac{1}{2}$

$\boxed{おうぎ形} - \boxed{三角形}$

$8 \times 8 \times \pi \times \dfrac{1}{4} - 8 \times 8 \times \dfrac{1}{2} = 16\pi - 32$　…影の部分

これを2倍すると、問われている面積になる。

$(16\pi - 32) \times 2 = 32\pi - 64$（cm^2）

答え ▶▶▶ **④**

練習問題 2

② 下の図は四等分円と半円を組み合わせたもので、Mは弧
ABの中点である。
影をつけた部分の面積を求めなさい。

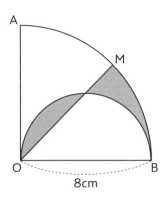

8cm

❶ $4\pi - 8cm^2$　　❷ $4\pi - 16cm^2$　　❸ $8\pi - 8cm^2$
❹ $8\pi - 16cm^2$　　❺ $16\pi - 8cm^2$

解答・解説

2

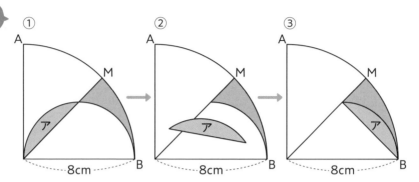

① ② ③

上図のようにアの部分を切り取って移動させる。

その結果、半径8cm・中心角45°のおうぎ形の面積から、底辺8cm・
高さ4cmの三角形の面積をひいて、影の部分の面積を求められる。

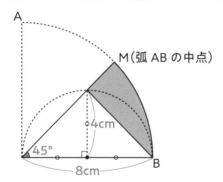

おうぎ形の面積は、$半径 \times 半径 \times 円周率 \times \dfrac{中心角}{360}$ なので、

$$8 \times 8 \times \pi \times \frac{45}{360} = 8\pi$$

三角形の面積は、$底辺 \times 高さ \times \dfrac{1}{2}$ なので、$8 \times 4 \times \dfrac{1}{2} = 16$

影の部分の面積は、$8\pi - 16$（cm²）

答え ▶▶▶ ❹

12 面積比

例題 1 下の図で、三角形ABCの面積が60cm²でAE：BE＝
2：3、BD：CD＝2：1のとき、次の問いに答えなさい。

①三角形ABDの面積を求めなさい。
②三角形AEDの面積を求めなさい。

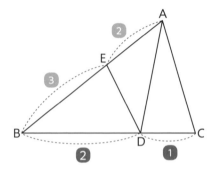

1分解法！

①三角形ABDの面積

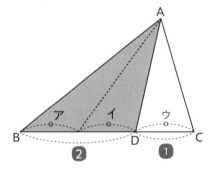

三角形ABCの面積が60cm²で、BD：CD＝2：1なので、

上図で三分割したア・イ・ウの面積は60÷3より、

いずれも20cm²となる。

よって、三角形ABDの面積は、20×2＝40（cm²）

答え ▶▶▶ 40cm²

②三角形AEDの面積

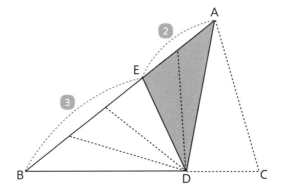

前問より、三角形ABDの面積が40cm²で、AE：BE ＝ 2：3なので、三角形ABDを五分割した三角形の面積は 40 ÷ 5 より、いずれも 8cm² になる。

よって、三角形AEDの面積は、8 × 2 ＝ 16（cm²）

答え ▶▶▶ 16cm²

POINT

高さが等しい三角形の場合、底辺の比がそのまま面積の比になる（底辺分割定理）。

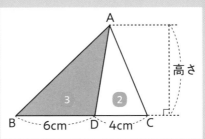

上図で三角形ABDと三角形ADCは、高さが等しく底辺の比が6cm：4cm ＝ 3：2なので、面積の比も3：2となる。

下の図の三角形 ABC で BC と DE が平行で AD：BD ＝ 3：2 のとき、次の問いに答えなさい。

①三角形 ABC と三角形 ADE の面積の比を求めなさい。

②三角形 ABC の面積が100cm²のとき、台形 DBCE は何cm²になるか。

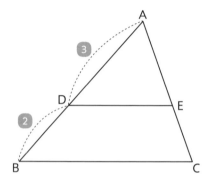

1分解法！

三角形 ABC で BC と DE が平行のとき、

三角形 ABC と三角形 ADE は相似になる。

① AB：AD ＝ 5：3 より

　三角形 ABC：三角形 ADE ＝ 5^2：3^2　…右ページPOINT参照

　　　　　　　　　　　　　 ＝ 25：9

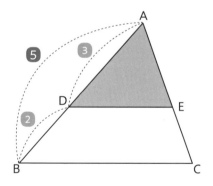

答え ▶▶▶ 25：9

②三角形ABC：三角形ADE＝25：9　…前問より

三角形ABCの面積が100cm²なので

100：三角形ADE＝25：9　より

三角形ADE × 25 ＝ 900

　…A：B＝C：Dのとき、A × D＝B × C

三角形ADE＝36cm²となる。

台形DBCE＝三角形ABC－三角形ADEより

100 － 36 ＝ 64（cm²）

答え ▶▶▶64cm²

POINT

相似な図形の場合、対応する辺の比の二乗が面積の比となる。

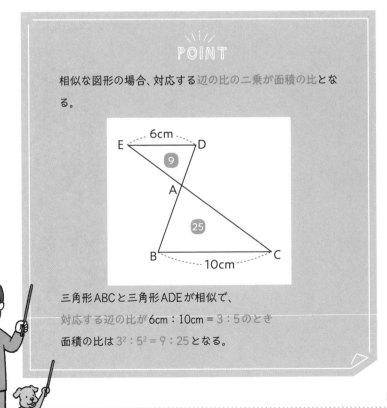

三角形ABCと三角形ADEが相似で、

対応する辺の比が6cm：10cm＝3：5のとき

面積の比は3²：5²＝9：25となる。

練習問題 1

目標解答時間 ◯分

① 下の図で、平行四辺形 ABCD の面積が260cm²で AE：DE ＝ 5：3である。

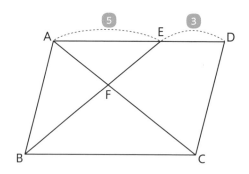

❶ 三角形 ABE の面積を求めなさい。

① 78.25cm²　　**②** 79.25cm²　　**③** 80.25cm²
④ 81.25cm²　　**⑤** 82.25cm²

❷ 三角形FBC の面積を求めなさい。

① 90cm²　　**②** 80cm²　　**③** 70cm²　　**④** 60cm²
⑤ 50cm²

解答・解説

1 **1** 三角形 ABE の面積

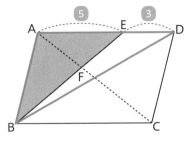

三角形 ABD は平行四辺形の半分なので、

$260 \div 2 = 130$（cm²）

三角形 ABE：三角形 EBD ＝ 5：3 なので、

三角形 ABD：三角形 ABE ＝ 8：5 となる。

130：三角形 ABE ＝ 8：5

650 ＝ 三角形 ABE × 8

　…A：B ＝ C：D のとき、A × D ＝ B × C

三角形 ABE ＝ 81.25（cm²）

答え ▶▶▶ **4**

2 三角形 FBC の面積

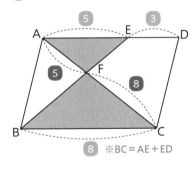

⑧ ※BC ＝ AE ＋ ED

三角形 AFE と三角形 FBC は相似である。

相似な図形は対応する辺の比が同じ

なので AE：BC ＝ 5：8 のとき

AF：CF ＝ 5：8

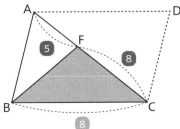

三角形 ABC は平行四辺形の半分なので、

$260 \div 2 = 130$（cm²）

AF：CF ＝ 5：8 なので、

三角形 ABC：三角形 FBC ＝ 13：8 となる。

130：三角形 FBC ＝ 13：8

1040 ＝ 三角形 FBC × 13

三角形 FBC ＝ 80（cm²）　　答え ▶▶▶ **2**

練習問題 2

目標解答時間 ◯分

② 下の図の四角形は、ABとCDが平行な台形でAB：CD ＝ 3：5である。

三角形 ABE ＝18cm²のとき、次の問いに答えなさい。

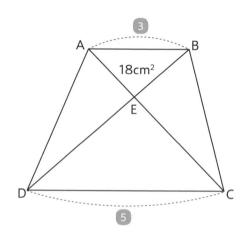

❶ 三角形CDEの面積を求めなさい。

① 30cm²　　**②** 40cm²　　**③** 50cm²　　**④** 60cm²
⑤ 70cm²

❷ 台形ABCDの面積を求めなさい。

① 128cm²　　**②** 138cm²　　**③** 148cm²　　**④** 158cm²
⑤ 168cm²

解答・解説

2 ❶ 三角形CDEの面積

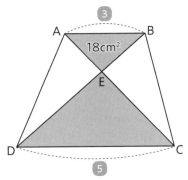

三角形ABEと三角形CDEは相似なので、

AB：CD＝3：5のとき

三角形ABEと三角形CDEの面積の比は、

$3^2 : 5^2 = 9 : 25$

三角形ABE＝18cm²なので

18：三角形CDE＝9：25より

450＝三角形CDE×9

　…A：B＝C：Dのとき、A×D＝B×C

三角形CDE＝50（cm²）

答え▶▶▶ **❸**

❷ 台形ABCDの面積

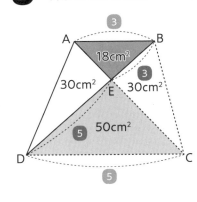

三角形ABEと三角形ECDは相似なので、

AB：CD＝3：5のときBE：DE＝3：5となる。

三角形ABEと 三角形ADEの面積の比は

3：5

問題文より、三角形ABEは18cm²である。

18：三角形ADE＝3：5より

三角形ADE＝30（cm²）

同様に、三角形BCEも30cm²

前問より、三角形CDE＝50cm²

台形ABCD＝18＋30＋30＋50

＝128（cm²）　　　　答え▶▶▶ **❶**

13 角度

例題 1 下の図は、長方形 ABCD を EF で折り返したものである。
A と A'、B と B' が重なるとき ∠x の大きさを求めなさい。

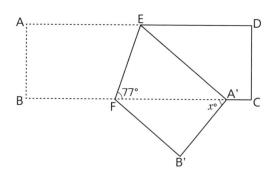

1分
解法！

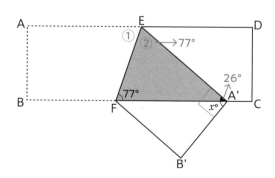

①と∠EFA' は平行線の錯角なので、① = 77°

①と②は折り返す前に重なっていた角なので、② = 77°

影をつけた三角形は二等辺三角形となり、

三角形の内角の和は180°なので、∠EA'F = 180 − 77 − 77 = 26°

∠EA'B' = 90°なので、x = 90 − 26 より、64°

答え ▶▶▶ 64°

例題 2 下の図でA・B・Cは円周上の点で、BCが直径のとき、xは何度か。

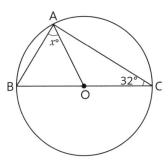

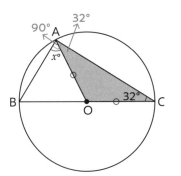

OA・OCはいずれも半径であり、OA＝OCより、
三角形AOCは、二等辺三角形である。
よって、∠OAC＝32°となる。
BCは直径なので、∠BAC＝90°（円周角の定理）。

円周角の定理→

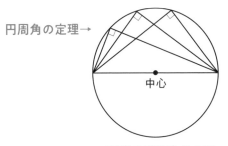

直径の円周角は90°

求めるxは、90 − 32 ＝ 58°

答え ▶▶▶ 58°

練習問題 1

① 次の〇印のついた三辺が同じ長さの四角形において、x の角度を求めなさい。

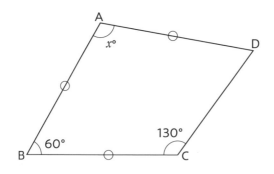

❶ 95°　**❷** 100°　**❸** 105°　**❹** 110°　**❺** 115°

解答・解説

1

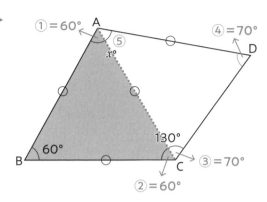

AとCを補助線で結ぶ。

三角形ABCにおいて、AB = BCより、

二等辺三角形となる。

∠B = 60°、三角形の内角の和が180°であることから、

① = ② = 60°の正三角形であることがわかる。

130 − 60より、③ = 70°

三角形ACDはAD = ACの二等辺三角形なので、③ = ④ = 70°

三角形の内角の和は180°なので、⑤ = 180 − 70 − 70 = 40°

x = ① + ⑤ = 60 + 40 = 100°

答え ▶▶▶ ❷

練習問題 **2**

目標解答時間4分

2 四角形 ABCD が円に内接しているとき、x の角度を求めな
さい。

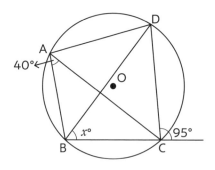

❶ 85°　　**❷** 75°　　**❸** 65°　　**❹** 55°　　**❺** 45°

解答・解説

2

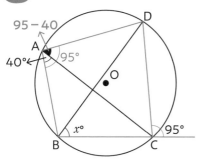

四角形 ABCD が円に内接しているので、
∠BAD = 95°　※1
∠CAD = 95 − 40 = 55°
x と∠CAD はどちらも、
弧 CD の円周角なので等しい。　※2
∠CAD = ∠DBC = 55°

よって、x は 55° となる。

答え ▶▶▶ **④**

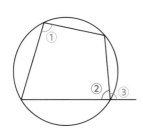

※1　円に内接する四角形の定理
円に内接する四角形の向かい合う角の和は
180° となる。
∠② + ∠① = 180°
∠② + ∠③ = 180°
なので∠① = ∠③ となる。

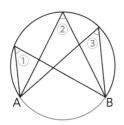

※2　円周角の定理
1 つの弧からのびる円周角の大きさはすべ
て同じとなる。
∠① = ∠② = ∠③

公務員試験の「1類・上級」って何？

公務員試験の受験先を見ると、
「特別区1類」や「地方上級」といった言葉を目にすることがあります。
そもそも、これら「1類」や「上級」は端的に言うと、
以下のように学歴による違いになります。

1類・地方上級：大卒・大卒程度が受ける試験

2類・地方中級：短大・専門学校卒が受ける試験

3類・地方初級：高卒が受ける試験

　もっとも、これらは一例にすぎず、年齢による区分や、高卒の方であっても1類を受験できる場合もあります。これについては、各自治体の受験要綱を必ず確認してください。

　また、東京都庁では「1類A」と「1類B」の採用試験があり、以下のように区分されています。

1類A：大学院卒程度

1類B：大卒程度

　このように、同じ1類であっても大卒とは限らないので注意してください。

　ほかにも、大阪府警であれば、

A区分：大卒程度

B区分：A区分以外

というように、A・Bで分類する場合もあります。

判断推理
超入門

14 集合

例題 50人に夏と冬が好きか嫌いかについてアンケートをとったところ、夏が好きと答えた人は28人、冬が好きと答えた人は23人であった。
どちらも好きではないと答えた人が7人であったとき、夏は好きだが冬は好きではないと答えたのは何人か。
なお、アンケートの回答は好きか嫌いかだけで、どちらでもないという回答はなかったものとする。

「夏は好きだが冬は好きではない人」を x人（求める数）、
「夏も冬も好きな人」を a人、
「冬は好きだが夏は好きではない人」を b人、
とする。

そのうえで問題文からわかる数字をベン図に入れると以下の通り。

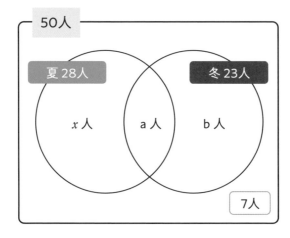

全体の人数が50人なので、$x + a + b + 7 = 50$

冬が好きと答えた人は23人なので、$a + b = 23$

よって、全体の人数は、$x + 23 + 7 = 50$

$x + 30 = 50$

$x = 20$（人）

答え ▶▶▶ 20人

集合の問題で、式を作るうえで意識することは、丸が2つのベン図は4か所、丸が3つのベン図は8か所の合計が全体の人数となるので、各場所の合計＝全体 となる式を作る。

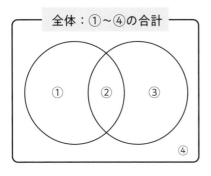

全体：①〜④の合計

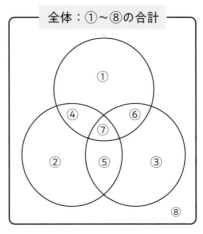

全体：①〜⑧の合計

練習問題 1

目標解答時間 4 分

① あるパン屋では、来店した客70人を対象に、クロワッサンとカレーパンを購入したかしなかったかについて調査した。次のア〜エのことがわかっているとき、いずれも購入しなかった客の数を求めなさい。

ア．クロワッサンを購入した客は23人であった。

イ．カレーパンを購入した客は36人であった。

ウ．クロワッサンとカレーパンの両方を購入した客は11人であった。

エ．カレーパンのみを購入した客の数は、クロワッサンのみを購入した客の数の2倍より1人多かった。

❶20人　❷21人　❸22人　❹23人　❺24人

解答・解説

1 クロワッサンとカレーパンのいずれも購入しなかった客の人数をx人（求める数）、

クロワッサンのみを購入した客の人数をa人とし、

問題文からわかる数字をベン図に入れると、以下の通りとなる。

このとき、条件エより、カレーパンのみを購入した人は$2a + 1$人となる。

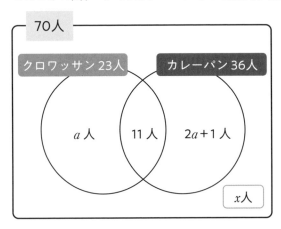

クロワッサンを購入した客は23人であり、

クロワッサンとカレーパン両方を購入した客は11人であるから、

クロワッサンのみを購入した客aは、23 − 11 = 12（人）

ここから、カレーパンのみを購入した人は、$2a + 1$人なので、

$a = 12$人を代入すると、

$2 \times 12 + 1 = 25$（人）

4か所の合計が全体（70人）になるように式を作る。

12 + 11 + 25 + x = 70

48 + x = 70

x = 22（人）

答え ▶▶▶ **3**

練習問題 2

② ある店に来店した客50人について、次のア〜オのことがわかっているとき、商品Ａ、Ｂ、Ｃを１つも購入しなかった客の数として正しいものはどれか。

ア．商品Ａを購入した客は22人であった。

イ．商品Ｂを購入した客は14人であった。

ウ．商品Ｃを購入した客は19人であった。

エ．商品Ａと商品Ｂを購入した客は５人であった。

オ．商品Ｃのみを購入した客は４人であった。

❶ 12人　　❷ 13人　　❸ 14人　　❹ 15人　　❺ 16人

解答・解説

2 商品A、B、Cを1つも購入しなかった客の人数をx人（求める数）とする。問題文からわかる数字をベン図に入れると、以下の通り。

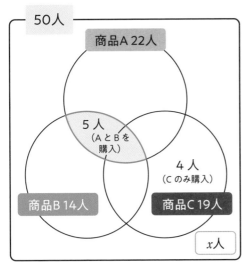

```
50人
        商品A 22人

    5人
  （AとBを
   購入）
                  4人
                （Cのみ購入）

商品B 14人        商品C 19人

                    x人
```

商品Aは購入したが、商品Bは購入していない人は、

22 − 5 = 17（人）

商品Bは購入したが、商品Aは購入していない人は、

14 − 5 = 9（人）

各所の合計が全体（50人）になる式を作る。

17 + 5 + 9 + 4 + x = 50

35 + x = 50

x = 15（人）

答え ▶▶▶ **④**

```
50人
        商品A 22人

              17人
    5人

  9人        4人

商品B 14人        商品C 19人

                    x人
```

15 命題

例題 次の命題ア・イより、論理的にいえるものはどれか。

ア　夏は暑い
イ　12月は暑くない

1　暑いならば夏である
2　暑くないならば12月である
3　暑くないならば12月ではない
4　12月は夏ではない

①論理式を作る

ア「夏は暑い」を論理式にすると、

　　「夏→暑い」 となる。　…このように、矢印で結論を示す

イ「12月は暑くない」を論理式にすると、

　　「12月→$\overline{暑い}$」 となる。　…上に線を引くと、否定文を表す

②対偶をとる

イ「12月→$\overline{暑い}$」の対偶をとる

対偶とは、条件と結論（頭とおしり）を逆にし、

肯定文・否定文も逆にすること。

このとき、**ある命題から対偶のものも導くことができる。**

※ただし、「$\overline{暑い}$→12月」とはならないので注意！

式は、「暑い→$\overline{12月}$」となる。

つまり「暑いならば12月ではない」ということ。

この結果、「12月は暑くない」から「暑いならば12月ではない」
を導くことができる。

③同じものをつなげる

条件と結論（頭かおしり）が同じ2つの文は、

1つにつなげることができる。

夏→$\boxed{暑い}$

$\boxed{暑い}$→$\overline{12月}$

$\boxed{暑い}$が同じなのでつなげると、

夏→$\boxed{暑い}$→$\overline{12月}$

ここから、夏→$\overline{12月}$、つまり「夏は12月ではない」との結論を
導くことができる。

また、夏→$\overline{12月}$の対偶をとると、

12月→$\overline{夏}$、つまり「12月は夏ではない」との結論を導くことが
できる。

答え ▶▶▶ 4

POINT

選択肢を検討する際には、何からはじまっているかに注目。

今回の例題

1　暑いならば夏である　であれば、

論理式から「暑い→」となっているものを探し、

「暑い→$\overline{12月}$」からつながるかどうかを検討する。

練習問題 1

目標解答時間 **3** 分

① あるレストラン街で調査をしたところ、次のア〜ウのことがわかった。このとき、確実にいえるのはどれか。

ア．カレーが好きな人は、ラーメンが好きである。
イ．オムライスが好きな人は、うどんは好きではない。
ウ．カレーが好きではない人は、オムライスが好きである。

❶ オムライスが好きではない人は、ラーメンは好きではない。
❷ うどんが好きな人は、ラーメンが好きである。
❸ カレーが好きではない人は、うどんが好きである。
❹ カレーが好きな人は、オムライスが好きである。
❺ ラーメンが好きではない人は、うどんが好きである。

解答・解説

1 ア～ウを論理式にし、対偶をとって、各選択肢を検討する。

命題	対偶
ア．カレー→ラーメン	$\overline{ラーメン}$→$\overline{カレー}$
イ．オムライス→$\overline{うどん}$	うどん→$\overline{オムライス}$
ウ．$\overline{カレー}$→オムライス	$\overline{オムライス}$→カレー

❶ウより、$\overline{オムライス}$→カレー。アより、カレー→ラーメン。
つなげると、$\overline{オムライス}$→カレー→ラーメン。
ここから「オムライスが好きではない人は、ラーメンが好きである」
との結論が導かれる。…誤り

❷イより、うどん→$\overline{オムライス}$。ウより、$\overline{オムライス}$→カレー。
アより、カレー→ラーメン。
つなげると、うどん→$\overline{オムライス}$→カレー→ラーメン。
ここから「うどんが好きな人は、ラーメンが好きである」との結論
が導かれる。…確実にいえる

❸ウより、$\overline{カレー}$→オムライス。イより、オムライス→$\overline{うどん}$。
つなげると、$\overline{カレー}$→オムライス→$\overline{うどん}$。ここから「カレーが好き
ではない人は、うどんは好きではない」との結論が導かれる。…誤り

❹アに、カレー→ラーメンがあるが、「ラーメン→」がないため、「オム
ライスが好き」との結論を導くことはできない。

❺アより、$\overline{ラーメン}$→$\overline{カレー}$。ウより$\overline{カレー}$→オムライス。
イより、オムライス→$\overline{うどん}$。
つなげると、$\overline{ラーメン}$→$\overline{カレー}$→オムライス→$\overline{うどん}$。ここから
「ラーメンが好きではない人は、うどんは好きではない」との結論が
導かれる。…誤り

答え ▶▶▶ **2**

練習問題 2

目標解答時間 3 分

②　ある中学校で調査をおこなったところ、次のア〜エのことがわかった。このとき、確実にいえるのはどれか。

　　ア．数学が苦手な人は化学が苦手である。
　　イ．計算が得意な人は数学が得意である。
　　ウ．英語が苦手な人は国語が苦手である。
　　エ．計算が苦手な人は国語が得意である。

　　❶数学が得意な人は国語が苦手である。
　　❷計算が苦手な人は英語が苦手である。
　　❸英語が苦手な人は計算が苦手である。
　　❹化学が得意な人は計算が得意である。
　　❺数学が苦手な人は英語が得意である。

解答・解説

2 ①ア～エを論理式にし、それぞれ対偶をとる。

命題	対偶
ア. $\overline{\text{数学}}$→化学	化学→数学
イ. 計算→数学	$\overline{\text{数学}}$→$\overline{\text{計算}}$
ウ. $\overline{\text{英語}}$→国語	$\overline{\text{国語}}$→英語
エ. $\overline{\text{計算}}$→国語	$\overline{\text{国語}}$→計算

②ア～エの命題と対偶をもとに、各選択肢を検討していく。

❶「数学→」がないため「国語が苦手である」との結論を導くことはできない。

❷エの命題より$\overline{\text{計算}}$→国語。ウの対偶より$\overline{\text{国語}}$→英語。

つなげると、$\overline{\text{計算}}$→国語→英語となる。ここから「計算が苦手な人は英語が得意である」との結論が導かれる。…**誤り**

❸ウの命題より$\overline{\text{英語}}$→国語。エの対偶より$\overline{\text{国語}}$→計算。

つなげると、$\overline{\text{英語}}$→国語→計算となる。ここから、「英語が苦手な人は計算が得意である」との結論が導かれる。…**誤り**

❹アの対偶に化学→数学があるが、「数学→」がないため「計算が得意である」との結論を導くことはできない。

❺イの対偶より$\overline{\text{数学}}$→$\overline{\text{計算}}$。エの命題より$\overline{\text{計算}}$→国語。

ウの対偶より$\overline{\text{国語}}$→英語。

つなげると、$\overline{\text{数学}}$→$\overline{\text{計算}}$→国語→英語となる。ここから「数学が苦手な人は英語が得意である」との結論を導くことができる。

…**確実にいえる**

答え ▶▶▶ ❺

16 対応関係

ABCの3人は、ジュース、ケーキ、アイスのいずれか1つを注文した。なお、同じものを注文した者はいない。次の条件より、Cが注文したものは何か。

・Aはジュースを注文した。
・Bはケーキを注文しなかった。
・Cはジュースかケーキのどちらかを注文した。

表を作り、条件を入れる。

●Aはジュースを注文した
この条件の場合、A・ジュースのところに〇が入る。

	ジュース	ケーキ	アイス
A	〇		
B			
C			

●Bはケーキを注文しなかった
この条件の場合、B・ケーキのところに×が入る。

	ジュース	ケーキ	アイス
A	〇		
B		×	
C			

●Cはジュースかケーキのどちらかを注文した

この条件から、<u>少なくともCはアイスを注文していないこと</u>が
わかるため、C・アイスのところに×が入る。

	ジュース	ケーキ	アイス
A	○		
B		×	
C			×

3人は「いずれか1つを注文」し、「同じものを注文した者はいな
い」より、

Aはケーキとアイスを注文していない

B・Cはジュースを注文していない

ことがわかる。これらに×が入る。

	ジュース	ケーキ	アイス
A	○	×	×
B	×	×	
C	×		×

表より、Bはアイスを注文したことがわかる。

同様に、Cはケーキを注文したことがわかる。　…これが答え

答え ▶▶▶ ケーキ

POINT

問題によっては、与えられた条件からだけでは、
表の○×がすべて埋まらないものもある。
その場合でも答えが出ることもあるので、
途中であっても選択肢を検討するようにしよう。

練習問題 1

目標解答時間 **3** 分

① A〜Dの4人は、新潟県民、神奈川県民、兵庫県民、長崎県民のいずれかで、同じ県の人はいない。
この4人について次のア〜エのことがわかっているとき、確実にいえることとしてもっとも妥当なのはどれか。

ア　新潟県民はCの友人だ。
イ　兵庫県民はBにCを紹介した。
ウ　Cは長崎県民にカステラについて質問した。
エ　Dは兵庫県民と話をしている最中である。

❶Aは兵庫県民である。
❷Aは神奈川県民である。
❸Bは長崎県民である。
❹Cは新潟県民である。
❺Dは新潟県民である。

❶ 条件アより、Cと新潟県民は別人であることがわかる。

条件イより、B・Cと兵庫県民は別人であることがわかる。

条件ウより、Cと長崎県民は別人であることがわかる。

条件エより、Dと兵庫県民は別人であることがわかる。

ここまでを整理すると、以下の表になる。

	新潟	神奈川	兵庫	長崎
A				
B			×	
C	×		×	×
D			×	

Cは新潟県民でも、兵庫県民でも、長崎県民でもないことから、

神奈川県民であるとわかる。

兵庫県民はBでも、Cでも、Dでもないことから、

Aであるとわかる。

なお、問題からはこれ以上わからない。

	新潟	神奈川	兵庫	長崎
A	×	×	○	×
B		×	×	
C	×	○	×	×
D		×	×	

答え ▶▶▶ ❶

練習問題 2

目標解答時間 4 分

② A～Dの4人はそれぞれ第二外国語を履修している。
言語は中国語、韓国語、ドイツ語、フランス語の4つのうち
1つであり、同じ言語を履修している者はいない。
ある日の4人の出会いについて、次のア～エのことがわかっ
ているとき、確実にいえるのはどれか。

ア．Aはフランス語の履修者とドイツ語の履修者に会った。
イ．Bは中国語の履修者に会わなかった。
ウ．Cは韓国語の履修者に会ったが、中国語の履修者には
　　会わなかった。
エ．Dはフランス語の履修者にもBにも会わなかった。

❶Aは中国語を履修している。
❷Bはドイツ語を履修している。
❸Cは中国語を履修している。
❹Dは韓国語を履修している。
❺Dはフランス語を履修している。

解答・解説

2 表を作り、条件からわかる内容を記入していく。

条件アより、Aはフランス語もドイツ語も履修していない。

条件イより、Bは中国語を履修していない。

条件ウより、Cは韓国語も中国語も履修していない。

条件エより、BとDはフランス語を履修していない。

	中国語	韓国語	ドイツ語	フランス語
A			×	×
B	×			×
C	×	×		
D				×

ここで、A・B・Dはフランス語を履修していないため、

フランス語を履修しているのはCとわかる。

	中国語	韓国語	ドイツ語	フランス語
A			×	×
B	×			×
C	×	×	×	○
D				×

中国語を履修しているのはAかDであるが、条件アより、Aはフラン

ス語の履修者、すなわちCに会っているのに対し、

条件エより、DはCに会っていない。

条件ウより、Cは中国語の履修者には会っていないので、

中国語の履修者はDとわかる。

	中国語	韓国語	ドイツ語	フランス語
A	×	○	×	×
B	×	×	○	×
C	×	×	×	○
D	○	×	×	×

答え ▶▶▶ ❷

17 順序関係

例 題 A～Eの5人が縦1列に並んでいる。次の（ア）～（エ）のことがわかっているとき、確実にいえるのはどれか。

（ア）CはDより前に並んでいる。
（イ）EはAより前に並んでいる。
（ウ）AはBより前に並んでいる。
（エ）BとDの間には1人並んでいる。

1．Aは前から4番目に並んでいる。
2．BはDより後ろに並んでいる。
3．CはEより前に並んでいる。
4．Dのすぐ後ろはAである。
5．EはDより前に並んでいる。

それぞれの条件を図で整理し、**つなぎ合わせていく**。

（ア）C—D
（イ）E—A
（ウ）A—B
（エ）B□DかD□B
さらに、イとウをつなげると、★のようになる。
（★）E—A—B

118

これらを踏まえ、(エ) のB□DとD□Bの場合を考える。

●B□Dの場合

(★) E—A—Bとつなげると、E—A—B□Dとなる。

(ア) C—D につなげると、□にCが入り次の順番が確定する。

  E—A—B—C—D

●D□Bの場合

(ア) C—Dとつなげると、C—D□Bとなる。

さらに (★) E—A—Bとつなげると、AはDとBの間に確定する。

Eは、Cより前の場合と後ろの場合があるため、

次の2通りの順番が考えられる。

  E—C—D—A—B
  C—E—D—A—B

いずれの場合でも、確実にいえるのは5（EはDより前に並んでいる）のみである。   答え ▶▶▶ 5

POINT

条件から、関係性を見落とさないように注意しよう。

「CはDより前に並んでいる」は、
Dの1つ前がCというだけではない。
C○DやC○○D、C○○○Dのように、
CがDの前にいれるものはすべてあてはまる。

「BとDの間には1人並んでいる」は、
B○Dのみのように思えるが、
D○Bもこの条件にあてはまるので注意。

119

練習問題 1

① A〜Fの6人がマラソンをした。

6人の順位について次のア〜エのことがわかっているとき、確実にいえることとして、もっとも妥当なものはどれか。ただし、6人全員が完走し、同順位の者はいなかったものとする。

ア．AはDより前にゴールした。
イ．BとEの間には2人がゴールした。
ウ．Cのすぐ後にFがゴールした。
エ．Eのすぐ前にAがゴールした。

❶ Aは2位である。
❷ Bは1位である。
❸ CはEよりも前にゴールした。
❹ DはBよりも後にゴールした。
❺ Eは3位である。

解答・解説

1 各条件を整理していくと、以下の通りとなる。

条件ア

A	–	D

条件イ

B			E

または

E			B

条件ウ

C	F

条件エ

A	E

条件イ・エをつなげると、

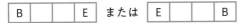

条件アより、DはAより後ろにおり、条件ウより、CFは続いてゴールしているため、以下の順位となる。

1	2	3	4	5	6
A	E	C	F	B	D

よって、DはBよりも後にゴールしており、❹の「DはBよりも後にゴールした」が正答となる。

答え ▶▶▶ ❹

練習問題 2

目標解答時間 4 分

② あるクラスで数学の小テストを実施した。
A〜Eの5人の点数について、次のア〜エのことがわかって
いるとき、点数が2番目に高い者と4番目に高い者の差とし
て正しいのはどれか。

ア．Aの点数は、Dより高く、Cより低かった。

イ．Bの点数は、Aの点数とEの点数の和からDの点数をひ
いた点数より2点低かった。

ウ．Cの点数は、Dより2点高く、Eより7点低かった。

エ．同じ点数の者はいなかった。

❶3点　　❷4点　　❸5点　　❹6点　　❺7点

解答・解説

❷ 条件を**線分図**で表し、点数の差を考えていく。
はじめに、点差が明確な条件ウから検討する。

条件ウより、C・D・Eの点数の差を線分図で表すと、下図のようになる。

次に、条件アより、A、C、Dの点数の関係はD＜A＜Cである。
条件エより、同じ点数の者はいないことから、
Aの点数はDより1点高く、Cより1点低いことになる。
Aを加えると下図のようになる。

条件イは式にして考える。
条件イ「Bの点数はAの点数とEの点数の和からDの点数をひいた点数より2点低かった」
つまり、B＝(A＋E)－D－2という式になる。
上図よりDの点数をxとすると、Aの点数は$x＋1$、Cの点数は$x＋2$、Eの点数は$x＋9$となる。
したがって、B＝$(x＋1)＋(x＋9)－x－2＝x＋8$点となる。
よって、A〜Eの点数差は下図のようになる。

2番目に点数が高いのはB、4番目はAとなり、2人の差は7点。

答え ▶▶▶ ❺

18 勝敗関係

A〜Dの4チームによる総あたり戦の野球大会がおこなわれた。引き分けの試合はなく、次のことがわかっているとき、優勝したチームはどこか。

・AはBに勝ち、Cに負けた。
・DはCに負けた
・4チームの結果はそれぞれ異なっていた。

1分解法!

リーグ戦（総あたり戦）の場合、必ず**表を作って解く**。
表は横に見る。AがBに勝ったので、A対Bのところに〇を入れる。

	A	B	C	D	勝　敗
A		〇			
B	×				
C					
D					

同時に、Bからすると、Aに負けたことになるので、B対Aのところに×が入る。
このように、対戦相手の結果は、忘れないように必ず直後に入れる!

同様に、AはCに負け、DはCに負けていることから、次の通りとなる。

	A	B	C	D	勝　敗
A		◯	×		
B	×				
C	◯			◯	
D			×		

4チームの結果がそれぞれ異なることから、

「3勝」「2勝1敗」「1勝2敗」「3敗」のいずれかとなる。

この時点でA・B・Dはいずれも1敗しており、

全勝（優勝）しているのはCのみである。　　　　答え ▶▶▶ C

例題 2　A〜Dの4チームによるトーナメント戦のサッカー大会において、AはBに勝ち、Cに負けた。このときの優勝チームはどこか。

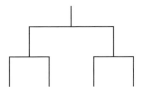

1分解法！

トーナメント戦の場合、**トーナメント表を軸に考える**。

AはBに勝ち、Cに負けたとあることから、

Aは2回試合をしていることがわかる。

そして、トーナメント戦は負けたら終了なので、

Aは1回戦に勝ち、決勝でCに負けたことがわかる。

したがって、優勝チームはCとなる。

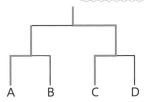

答え ▶▶▶ C

練習問題 1

目標解答時間 4 分

① A～Dの4チームがバスケットボールの総あたり戦をおこなった。次のア～ウのことがわかっているとき、確実にいえるのはどれか。

ア．BはCと勝ち数が等しく、Aに勝利した。
イ．Dは1勝もしていない。
ウ．引き分けの試合はなかった。

❶Bチームは C チームに勝利した。
❷C チームは A チームに勝利した。
❸A チームは2勝1敗であった。
❹B チームは3勝0敗の可能性がある。
❺最下位は D チームだけではなかった。

1 条件を整理し、わかるものから埋めていく。

条件ア～ウをまとめると、以下の通りになる。

	A	B	C	D	勝敗
A		×		○	
B	○			○	
C				○	
D	×	×	×		0−3

条件ア・ウより、引き分けの試合はなく、BとCの勝ち数は等しい。

総あたり戦の勝敗の合計は6勝6敗であり、すでにBが2勝していることから、勝敗の内訳は以下の①②が考えられる。

	①	②
	勝敗	勝敗
A	2−1	0−3
B	2−1	3−0
C	2−1	3−0
D	0−3	0−3

条件ウより、AはDに勝利しているので、②はあり得ない。

よって、勝敗の内訳は①であり、

Bはすでに2勝していることから、BはCに負けたことになる。

表を埋めると、以下の通りになる。

	A	B	C	D	勝敗
A		×	○	○	2−1
B	○		×	○	2−1
C	×	○		○	2−1
D	×	×	×		0−3

答え ▶▶▶ **3**

練習問題 2

目標解答時間 4 分

② A〜Hの8チームが、下の図のようなサッカーのトーナメント戦をおこなった。

次のア〜エのことがわかっているとき、確実にいえることとして、もっとも妥当なものはどれか。

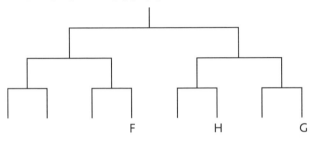

ア．Aは2回戦で敗退した。

イ．BはEに勝ったが決勝には進出できなかった。

ウ．DとGは対戦しなかった。

エ．Gは2勝以上した。

❶ CはGと対戦した。

❷ DはFに勝った。

❸ Gが優勝した。

❹ GはHに勝った。

❺ HはAに勝った。

解答・解説

2 条件イより、Bは少なくとも1回は勝ったが、決勝に進出できていない。
つまりBは1回戦でEに勝ち、2回戦で敗退したので、決勝戦に出られなかったことがわかる。

条件エより、Gが決勝戦に出たことがわかる。

ここまでをまとめると、以下の通り。

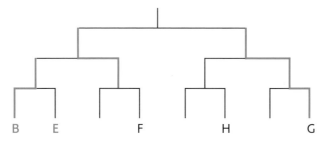

条件アより、Aは2回戦で敗退している。

2回戦敗退となるのは、1回戦でHと対戦しているところのみとなる。

そのうえで、条件ウより、DがGと対戦しないためには、Dは1回戦でFと対戦して負けたことがわかる。

残る1か所にはCが入り、Cは1回戦でGに負けていることがわかる。

なお、対戦状況は以下の通り（どこが優勝したかはわからない）。

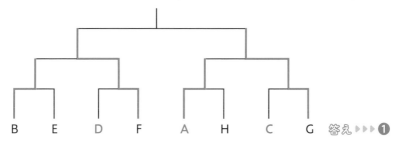

答え ▶▶▶ **①**

19 位置関係

例 題 下図のような2階建て6部屋のマンションに、A〜D
の4人が1部屋につき1人ずつ住んでおり、2つは空
室である。
次の条件より、Dが住んでいるのは何号室か。

ア　Aの下と左隣は空室である。
イ　Bの隣にCの部屋がある。

2階	201	202	203
1階	101	102	103

条件をブロックにして考えていく。

条件ア：Aの下と左隣は空室である。
この場合、下のような図を書いて整理する。

空	A
	空

Aの部屋は確定しないが、Aは2階であることがわかる。
さらに、Aの左隣が空室なので、左隣がない201号室でないとわ
かる。つまり、Aは202号室か203号室となる。

空	A	
	空	

または

	空	A
		空

条件イ：Bの隣にCの部屋がある。

| C | B |

または

| B | C |

隣というのは、右隣と左隣の2パターン考えられる。

この2つの条件より、以下の2パターンが考えられる。
なお、Aが202号室の場合、BとCが隣り合って入れる部屋がなくなるため、Aは203号室であることが確定する。

D	空	A
C	B	空

または

D	空	A
B	C	空

いずれのパターンでも、Dは201号室に住んでいる。

答え ▶▶▶ 201号室

POINT

検討する際は、
①登場回数の多い人物から検討する
②確定条件が多いところから検討する
ようにしましょう。

例えば、問題文を読んでAが何回も出てくる場合には、Aを中心に考えていく。
また、「Aは101である」といったように確定する条件がある場合には、そこから埋めていく。
これにより、不確定なところを減らし、場合分けなども少なくできます。

練習問題 1

目標解答時間 **5** 分

① 下図のようなアパートがある。ここにA～Hの8人がいずれかの部屋に1人ずつ住んでおり、空室が1つある。
次のア～エがわかっているとき、確実にいえるのはどれか。

ア．Aは端の部屋に住んでおり、その隣はGが住んでいる。
イ．Bが住んでいる部屋のすぐ下の階は空室で、その隣は
　　Dが住んでいる。
ウ．Cが住んでいる部屋のすぐ上にはEが住んでいる。
エ．Hが住んでいる部屋の隣はDが住んでいる。

301	302	303
201	202	203
101	102	103

❶ Bは201号室に住んでいる。
❷ Cは203号室に住んでいる。
❸ Eは301号室に住んでいる。
❹ Hは101号室に住んでいる。
❺ Fは202号室に住んでいる。

解答・解説

1 条件からわかることをブロックにして組み合わせていく。

条件ア

A	G

または

G	A

条件ウ

E
C

条件イ・エ

B		
空	D	H

または

		B
H	D	空

条件イ・エより、Bが上の階にいることから、

DとHは3階ではなく、1階か2階とわかる。

条件ウより、Cの上にEが住んでいることから、

Cは1階か2階であることがわかる。

そして、DとHがいる階は残り1つが空部屋で、

Cが入ることはできない。

ここから、DとHは1階、BとCは2階、Eは3階であることがわかる。

B		
空	D	H

または

		B
H	D	空

条件ア・ウより、A・Gが横に並んで入れるのは3階のみであり、

Aは3階の端となる。

これらを整理すると以下の通り。

A	G	E
B	F	C
空	D	H

または

E	G	A
C	F	B
H	D	空

どちらにもあてはまる選択肢は❺のみ。

答え ▶▶▶ ❺

練習問題 2

目標解答時間 **5** 分

②　下図のように観客席が12席あり、それぞれ①～⑫の番号がついている。現在A～Hの8人が座っており、4席は空席である。
　次のア～カがわかっているとき、確実にいえるのはどれか。

ア．Aは①、Gは③の席に座っている。

イ．Cの両隣の席は空席である。

ウ．BとFは同じ列の席に座っており、FはBが座っている席より左側の席に座っている。

エ．CはHが座っている席のすぐ後ろの席に座っている。

オ．DはBが座っている席のすぐ後ろの席に座っており、その左隣は空席である。

カ．Eは3列目の端の席に座っており、そのななめ後ろの席は空席である。

1列目	①	②	③
2列目	④	⑤	⑥
3列目	⑦	⑧	⑨
4列目	⑩	⑪	⑫

右

❶Bは⑨に座っている。

❷Cは⑪に座っている。

❸Hの右隣の席は空席である。

❹Eは⑨に座っている。

❺⑫は空席である。

解答・解説

2 条件からわかることをそれぞれブロックにし、組み合わせていく。

条件イ・エ

	H	
空	C	空

条件ウ・オ

F	B
空	D

または

F		B
	空	D

※ FはBの左側であって隣
とは限らない

条件アより、A・Gは1列目とわかり、

条件ウ・オのブロックは「2・3列目」か「3・4列目」のいずれか。

このとき、条件ウ・オのブロックが2・3列目に入ってしまうと、

条件イ・エのブロックの入る場所がなくなってしまう。

よって、条件イ・エのブロックは1・2列目、

条件ウ・オのブロックは3・4列目である。

1列目	A	H	G
2列目	空	C	空
3列目	F	B	⑨
4列目	空	D	⑫

または

1列目	A	H	G
2列目	空	C	空
3列目	⑦	⑧	B
4列目	⑩	空	D

条件カより、Eが3列目の端でななめ後ろが空席であることから、以下
になる。

1列目	A	H	G
2列目	空	C	空
3列目	E	F	B
4列目	空	空	D

よって、あてはまる選択肢は❶。

答え ▶▶▶ ❶

20 発言推理（うそつき）

A～Cの中でアイスを食べた者が1人いる。
次の3人の発言のうち、2人がうそをついている場合、
アイスを食べたのは誰か。

A　「Bはアイスを食べていない」
B　「Aはアイスを食べた」
C　「Aはアイスを食べていない」

それぞれの発言を**横に書いて整理する**。

A　⇒Aの発言のBのところに×を入れる
B　⇒Bの発言のAのところに○を入れる
C　⇒Cの発言のAのところに×を入れる

		食べた人		
		A	B	C
発言	A		×	
	B	○		
	C	×		

A「Bはアイスを食べていない」

　　…「AかCがアイスを食べた」と読み取れる。

　⇒Aの発言のAとCのところに○を入れる。

B「Aはアイスを食べた」

　　…「BとCはアイスを食べていない」と読み取れる。

　⇒Bの発言のBとCのところに×を入れる。

C「Aはアイスを食べていない」

　…「BかCがアイスを食べた」と読み取れる。

⇒ Cの発言のBとCのところに〇を入れる

		食べた人		
		A	B	C
発言	A	〇	×	〇
	B	〇	×	×
	C	×	〇	〇

次に、**表を縦に見て検討する**。

①Aがアイスを食べた場合

　A・Bは「Aは食べた」と、Cは「Aは食べていない」と発言している。⇒ここからCのみがうそをついていることになる。

②Bがアイスを食べた場合

　A・Bは「Bは食べていない」と、Cは「Bは食べた」と発言している。⇒ここからA・Bの2人がうそをついていることになる。

③Cがアイスを食べた場合

　A・Cは「Cは食べた」と、Bは「Cは食べていない」と発言している。⇒ここからBのみがうそをついていることになる。

答え ▶▶▶ B

POINT

1つを仮定すれば、他も検討しやすくなる。

たとえば、Aに「Bはうそつきである」との発言があるとき、

仮にAの発言がうそだとすると、

Bは正直者であり、Bの発言は正しいことになる。

練習問題 1

① A ～ E の 5 人が徒競走をした。1 位だった者について、それぞれ以下のように述べている。

A 「私と E は 1 位ではない」
B 「1 位だったのは D か E である」
C 「1 位だったのは A か D である」
D 「1 位だったのは B か E である」
E 「1 位だったのは A か C である」

5 人のうち 3 人が本当のことをいい、2 人がうそをついているとき、確実にいえるのはどれか。

❶ 1 位は A である。
❷ 1 位は B である。
❸ 1 位は C である。
❹ 1 位は D である。
❺ 1 位は E である。

1 A〜Eの発言を整理すると、以下のようになる。

		1位				
		A	B	C	D	E
発言	A	×				×
	B				○	○
	C	○			○	
	D		○			○
	E	○		○		

また、A〜Eの発言は以下のように読み取ることができる。

A 「私とEは1位ではない」 ⇒ 1位はBかCかDである。

B 「1位だったのはDかEである」 ⇒ AとBとCは1位ではない。

C 「1位だったのはAかDである」 ⇒ BとCとEは1位ではない。

D 「1位だったのはBかEである」 ⇒ AとCとDは1位ではない。

E 「1位だったのはAかCである」 ⇒ BとDとEは1位ではない。

これらの発言を整理すると、以下のようになる。

		1位				
		A	B	C	D	E
発言	A	×	○	○	○	×
	B	×	×	×	○	○
	C	○	×	×	○	×
	D	×	○	×	×	○
	E	○	×	○	×	×
うそつき		3	3	3	2	3

次に表を縦に見る。Dが1位のときのみ、本当のことをいっている人が3人、うそつきが2人となる。

答え ▶▶▶ ❹

139

練習問題 2

目標解答時間 4 分

② A～Dの4人が次のように述べているとき、確実にいえるのはどれか。

A 「Bはうそつきである」
B 「Cはうそつきである」
C 「Dはうそつきである」
D 「AとBは2人ともうそつきである」

❶ Aはうそつきである。
❷ Bは正直者である。
❸ Cはうそつきである。
❹ Dはうそつきである。
❺ 正直者は1人である。

❷ **Aがうそつきの場合と正直者の場合に分けて検討する**。

●Aがうそつきの場合

- Aの「Bはうそつきである」という発言がうそになるので、Bは正直者となる。
- Bが正直者であるとすると、「Cはうそつきである」という発言が本当になるので、Cはうそつきとなる。
- Cがうそつきであるとすると、「Dはうそつきである」という発言がうそになるので、Dは正直者となる。
- Dが正直者であるとすると、「AとBは2人ともうそつきである」という発言が本当になるが、Bが正直者であるため、矛盾する。

よって、Aはうそつきではないことがわかる。

●Aが正直者の場合

- Aの「Bはうそつきである」という発言が本当のことになり、Bはうそつきとなる。
- Bがうそつきであるとすると、「Cはうそつきである」という発言がうそになるので、Cは正直者となる。
- Cが正直者であるとすると、「Dはうそつきである」という発言が本当になるので、Dはうそつきとなる。
- Dがうそつきであるとすると、AかBの少なくともどちらかが正直者であることになる。これはAが正直者であるという仮定に矛盾しない。

よって、AとCが正直者、BとDがうそつきとわかる。

答え ▶▶▶ ❹

試験のとき、何を持っていく？

筆記試験当日、会場には何を持っていきますか？
当然、受験票と筆記用具は忘れないようにしましょう！
また、以下を参考に持ちものを準備するとよいかもしれません。

筆記用具にはこだわろう！

筆記試験はマークシート形式です。ほどんどの試験は HB の鉛筆かシャーペンでの記入になります。

その際、使い慣れた筆記用具がよいと思いますが、シャーペンではなく鉛筆をオススメします。その理由に、鉛筆はシャーペンに比べて塗る際の表面積が大きく、時間を短縮できるからです。

また、マークシート専用の鉛筆や消しゴムも販売されているので活用するとよいでしょう。

教材は持っていくべきか？

試験当日の会場では、たくさんの参考書を持ってきている受験生をよく見かけます。不安な気持ちはわかりますが、多くの参考書を見る時間はありません。

また、当日は緊張もするので、そこで見たとしてもほとんど頭には入りません。よって、持っていくとしても、1冊か2冊程度にしましょう。

試験当日に持っていくものでオススメするのは、ミスをまとめたメモです。学習のときにしてしまったマークミスや問題文の読み間違えなどをメモで残しておき、それを本番直前にチェックします。これにより、今までのケアレスミスを防げます。

直前に参考書で見た箇所が実際に出題される可能性は低いので、むしろ、ミスを意識し、防ぐほうが点数を上げられます。是非、参考にしてみてください！

PART ③

空間把握・資料解釈
超入門

21 折り紙

下図のように正方形の折り紙を点線に沿って折り、最後に赤い部分を切り離したとき、赤以外の部分を広げたときの図形はどうなるか。

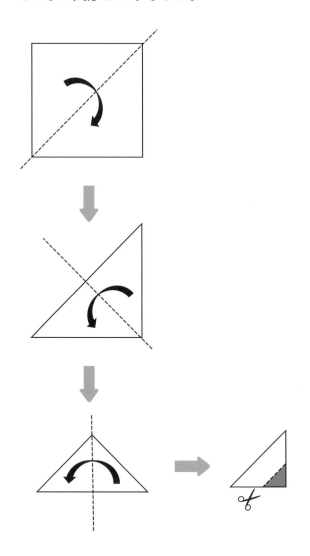

広げたときの図の作り方

① 1個前の図形の同じ部分を塗る。

②点線を中心とし、左右対称になるように塗る。

あとは①②の繰り返し。

答え ▶▶▶

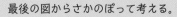

POINT

最後の図からさかのぼって考える。

①前と同じところを塗る

②左右対称になるところを塗る

そして、①と②を繰り返していく。

練習問題 1

① 下図のように正方形の折り紙を点線部で谷折りにして順に折っていき、最終的に得られた形のものに点線部を針で刺して印をつけた。
これを広げるとどのような模様になるか。

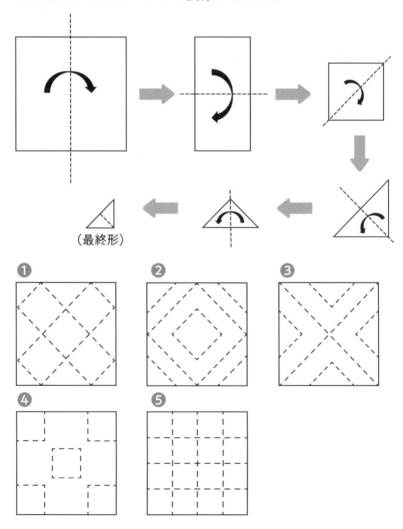

1 **最終形からさかのぼる。**

① 1個前の図形の同じ部分に印を入れる。

② 折り目を中心とし、左右対称になるように印を入れる。

あとは①②を繰り返しおこなう。

① 1個前の図形の同じ部分に印を入れる。

② 折り目を中心とし、左右対称になるように印を入れる。

①②を繰り返すと、以下の通りとなる。

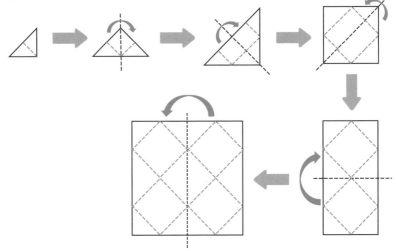

赤い点線の箇所が針で刺した部分。

答え ▶▶▶ **❶**

練習問題 **2**

2 下図のように、正方形の紙を 2 回折ってできた正方形の、隣り合う辺の中点を結ぶ直線に沿って、四隅の斜線部分を切断したとき、切り分けられた紙片の枚数として、正しいのはどれか。

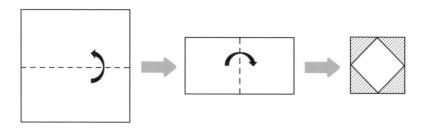

❶ 10枚 　❷ 11枚 　❸ 12枚 　❹ 13枚 　❺ 14枚

2 ① 1個前の図形の同じ部分に印を入れる。

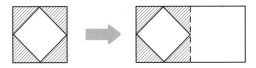

②折り目を中心とし、左右対称になるように印を入れる。

①②を繰り返すと、以下の通りとなる。

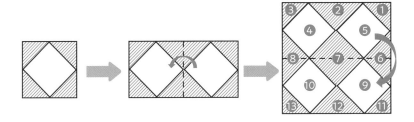

切り離された部分を考えると、
上記の右図のように**13**枚に分けられる。

22 サイコロ

下図のサイコロをＡ方向に1回、Ｂ方向に１回転がした
とき、上面に来る目はいくつか。

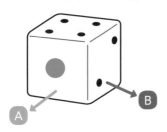

1分解法！

最初の状態

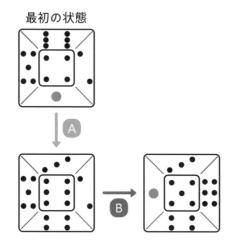

答え ▶▶▶5

回転方向に対するサイドの面は変化しないので、
上面の変化だけをイメージすることで、手早く解ける。

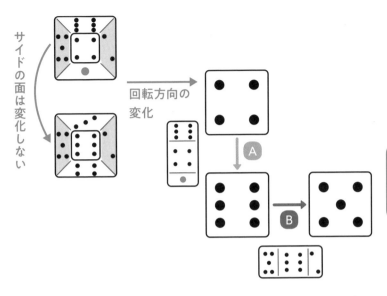

サイドの面は変化しない

回転方向の変化

POINT

一般的にサイコロは、向かい合わせの2面を合計すると7になる（1の裏は6、2の裏は5、3の裏は4）。

サイコロの面を、できるだけ多く可視化するには次の方法がある。

下図①のように、通常、一方向から確認できる面は最大三面となる。そこで②のようにサイコロを押しつぶしたように変形させる。それを③のように真上から見ると五面を可視化できる。

① ② ③ 4の裏面なので3　2の裏面なので5

練習問題 1

目標解答時間 4 分

① 下図のようにサイコロをマス目に沿って転がしていく。
影をつけたところにサイコロが来たとき、真上の面はいく
つになるか。

❶

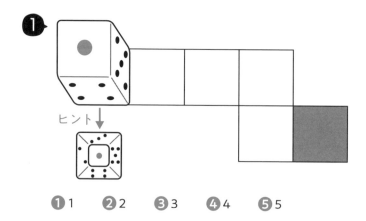

ヒント↓

❶1　❷2　❸3　❹4　❺5

❷

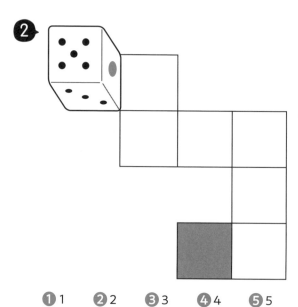

❶1　❷2　❸3　❹4　❺5

ここまで
上下の面の3・4は
位置が変化しない
次の回転で3が上になる

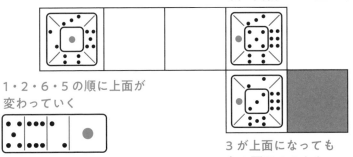

1・2・6・5の順に上面が
変わっていく

3が上面になっても
左の面は1のまま

答え ▶▶▶ ❶

❷

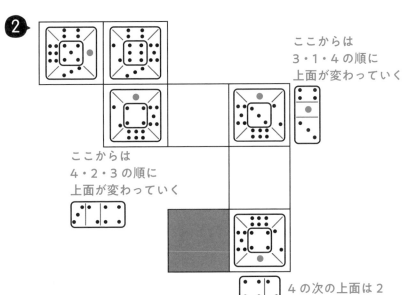

ここからは
3・1・4の順に
上面が変わっていく

ここからは
4・2・3の順に
上面が変わっていく

4の次の上面は2

答え ▶▶▶ ❷

練習問題 2

② 図のように重ねられた3つのサイコロを周りから見たとき、どの方向からも見ることのできない、重なり合っている面と一番下の面の、5つの面の目の合計はいくつか。

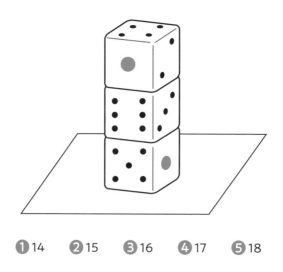

❶ 14　　❷ 15　　❸ 16　　❹ 17　　❺ 18

解答・解説

2

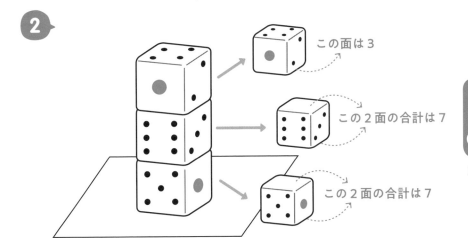

この面は 3

この 2 面の合計は 7

この 2 面の合計は 7

上図より、どの方向から見ても見ることのできない 5 面の目の合計は 3 + 7 + 7 で求めることができる。

3 + 7 + 7 = 17

答え ▶▶▶ ❹

23 展開図

下図のような立方体の平行な面に 2 つの矢印を書き込んだ。その展開図を下の①〜⑤の中から選びなさい。

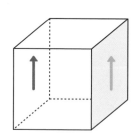

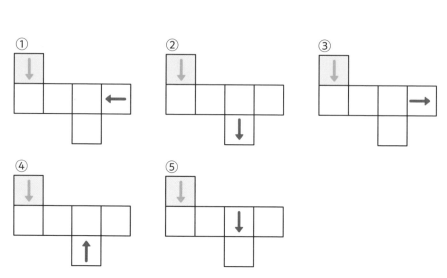

矢印の書かれていない面に、**A・B・C・Dの名前をつける**。

展開図にA・B・C・Dを、文字の向きに注意して書き込む。

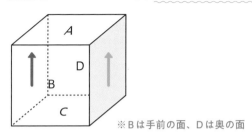

※Bは手前の面、Dは奥の面

見取り図から、色をつけた面の矢印はAの右側をさしていることがわかる。Aの下がBで、その下にC、Dと続く。

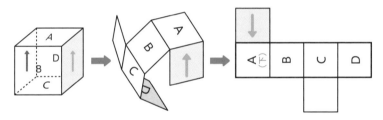

色のついていない面にあるもう1つの矢印は、C面の左側から伸びているので、下図のようになる。

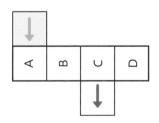

答え ▶▶▶ ②

練習問題 1

目標解答時間 3 分

1 下図のように立方体の4つの面に線を引いた。
その展開図を❶〜❺の中から選びなさい。

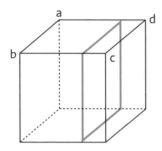

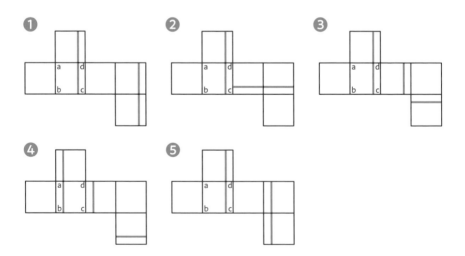

1 面abcdと平行な（向かい合う）面の各頂点にも名前をつけ、
それを展開図にも書き込む。

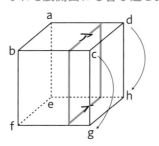 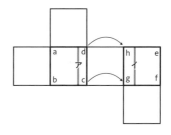

面abcdと平行な（向かい合う）面を、面efghとする。
見取り図のように、cの下がg、dの下がhになるように、
展開図にも各頂点にe・f・g・hを書き込む。

辺cdと平行な線アは、展開図上ではそのまま上に伸びる。

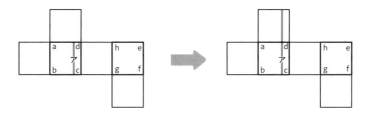

面efgh上の線イは、辺ghと平行で、面の中央よりも辺gh寄りにある。
線イはそのまま下に伸びる。

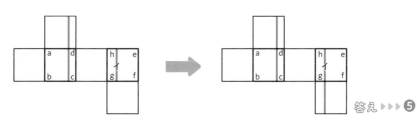

答え ▶▶▶ **5**

練習問題 2

目標解答時間 **3** 分

2) 3つの面にA、B、Cと書かれた立方体がある。
この図の展開図として<u>ふさわしくないもの</u>を、**❶**～**❺**の中から選びなさい。

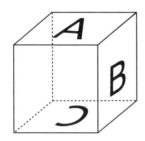

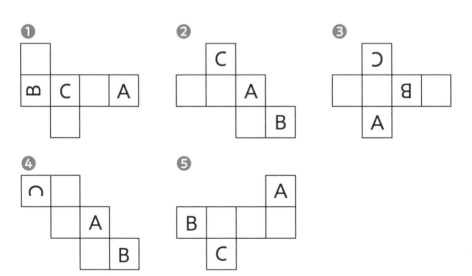

2 見取り図のAの面の各頂点にa・b・c・dと名前をつける。
それを手掛かりに面Aと面B・面Cとのつながりを見ていく。

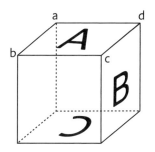

❷を組み立てると、辺cdのところにBの上側の辺が来るので、Bの位置は合っている。しかし、辺adのところにCの右側の辺が来るので、Cの位置が異なっている。

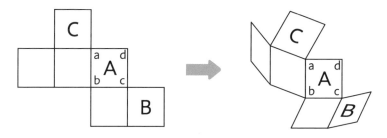

正しいCの位置は下図のようになる。

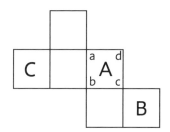

答え ▶▶▶ **2**

24 平面構成・投影図

例題 下図はある立体を正面と真上から見たものである。
この立体を右側から見た図を①〜⑤の中から選びなさい。

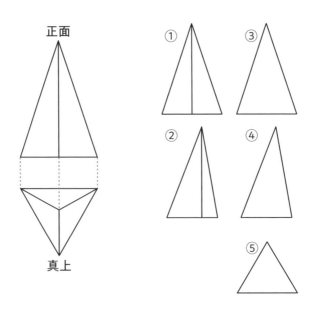

 この立体は**三角すい**となる。
右側から見た図を考えるときのポイントは、
真上から見たときの頂点の位置である。
三角すいの頂点の位置は下図のようになる。

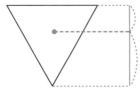

頂点の位置は真ん中
ではない

そのため、右側から見た図は、正面から見たときのような二等辺三角形にはならず、頂点が少し右寄りの三角形となる。

また、右側から見たときに辺は現れない。

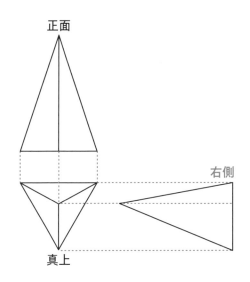
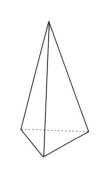

よって、右から見ると④のような三角形となる。

答え ▶▶▶ ④

POINT

投影図とは、立体を真上や真横から見たときの形を平面に表したもの。

○真上から見た図を「平面図」といい、ここから立体の底面の形がわかる。

○真横から見た図を「立面図」といい、図形の上端部分の様子がわかる。

平面図と立面図を結ぶ点線に注目して頂点の対応を考えると、どのような立体なのかがわかる。

平面構成・投影図

練習問題 1

① 左下の図はある立体を正面と真上から見たものである。
この立体を右側から見た図を❶〜❺の中から選びなさい。

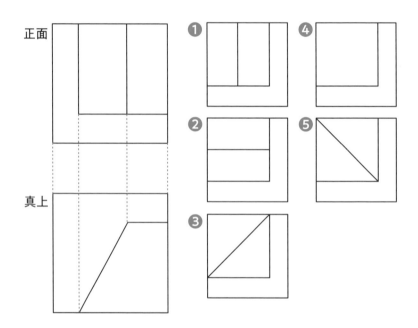

解答・解説

❶ この図形は真上・正面とも正方形なので、
立方体に近い立体と推測できる。

そこで、投影図を立方体に反映させて考える。

真上と右側の対応で、右側の図の「右」に縦方向の段ができる。

また、正面と右側の対応では、右側の図の「下」に横方向の段ができる。

右側の面には「右」と「下」に段ができるため、

結果的にL字型の面ができる。

右側から見えるのは、このL字型の面とななめの面となる（影をつけたのはななめの面）。

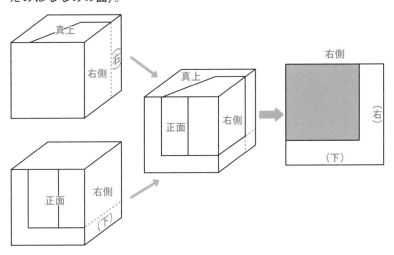

立体は下図のようになる。

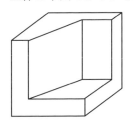

答え ▶▶▶ **❹**

練習問題 2

目標解答時間 4 分

② 左下の図はある立体を真上と正面から見たものである。
この立体を右側から見た図を、❶～❺の中から選びなさい。

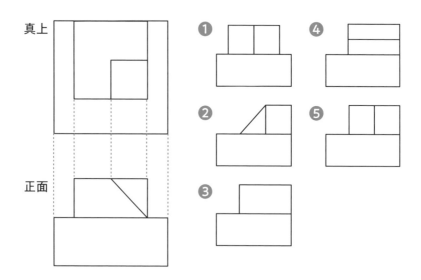

2 正面から見ると、この立体は土台となる直方体の上にひと回り小さい
立体が乗った、**二段重ねの形**とわかる。

真上から見た図の「上側」は、上の段と下の段が辺どうし重なってい
る（下図の赤線部分）。

そのため、右側から見たときの「右面」も、上下の段がまっすぐに重
なっている（下図の太線部分）。

また正面の図を見ると、上段にななめの線が入っていることから、
右側から見た上段は、ななめの面とその横の垂直の面が見える。

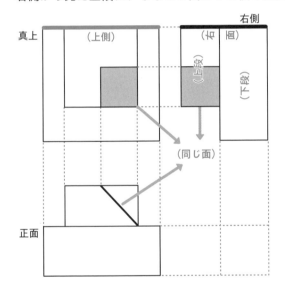

立体は下図のようになる。

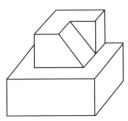

答え ▶▶▶ ❺

25 点の軌跡

例題 下図のように長方形が直線上を滑ることなく回転しながら移動していくとき、点Pの描く軌跡として妥当なものはどれか。

①

②

③

④

⑤

1分解法！ 長方形の各頂点に名前をつけ、回転の中心を明らかにする。**長方形なので、回転の角度はいずれも90°となる。**

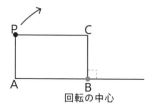

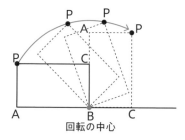

最初、長方形はBを中心に回転する。

そのとき、Pが描く軌跡はPBを半径とする弧になる

（長方形は辺BCを下にして立ち上がる）。

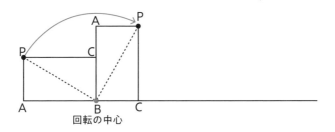

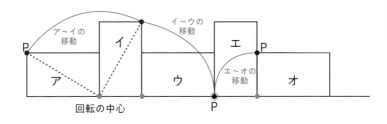

長方形はア→イ→ウ→エ→オと移動し、その際、点Pは弧を描く。
点Pの描く軌跡は上図のようになる。

なお、長方形がウからエへ移動するとき、点Pを中心に回転する
ため、点Pの位置は変わらない。

このように、図形が回転しても点は移動しないことがある。

答え ▶▶▶ ①

POINT

図形を回転させる場合、次の3つを明らかにする。

①回転の中心…直線上を転がる場合、中心は変わっていく

②回転の角度…回転する図形によって角度が決まる
　→正方形・長方形なら90°

③回転の半径…直線上を転がる場合、半径が変わる場合も
ある

練習問題 1

目標解答時間 **3** 分

① ある図形が直線上を滑ることなく時計回りに回転しながら移動していく。
頂点Pが下図のような軌跡を描く図形として適当なものはどれか。

【頂点Pの軌跡】

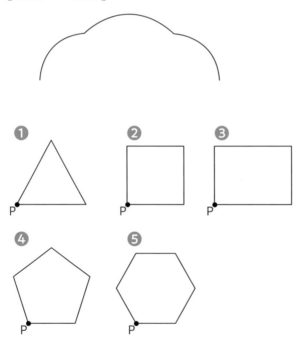

❶

回転の角度が90°なので、移動している形は**正方形か長方形**のどちらかとなる。

※回転の半径は各々の図形の外角と同じで、

　正三角形120°、正五角形72°、正六角形60°である。

正方形

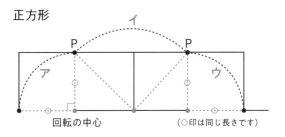

長方形

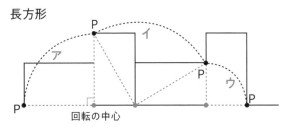

回転の半径に注目すると、正方形はアの移動とウの移動は同じ半径になるが、長方形はアの移動とウの移動の半径が異なる。

これより、移動しているのは正方形とわかる。

答え ▶▶▶ **②**

練習問題 2

目標解答時間4分

② 下の図形アが直線上を滑ることなく回転しながら移動していく。下図のような軌跡を描く頂点は❶から❺のどれか。

【頂点の描く軌跡】

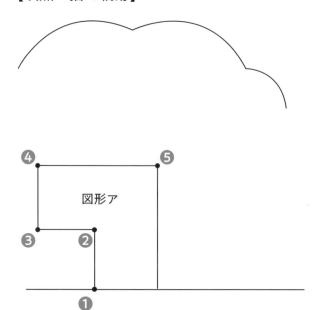

2

高さが異なっている

頂点が描く最初の軌跡に
注目して考える。
ポイントは以下の3つ。

1. 移動のはじめは右上に上がっていく。

2. 移動の終わりが、移動のはじまりより高い位置にある。

3. 回転の半径。

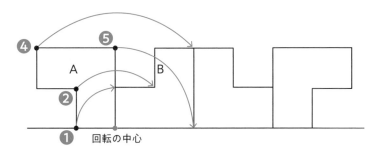

④ ⑤
A B
② ①
回転の中心

図形アがAからBへ移動するとき、

① は半径が短く、⑤ は回転の方向が下に向かうので誤りである。

② と ④ は移動のはじめと終わりの高さが同じで、設問の軌跡と異なる。

③ は下図のように移動していく。

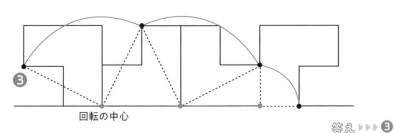

③
回転の中心

答え ▶▶▶ ③

26 一筆書き

例題 1 下の図形は一筆書きができるか。

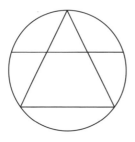

1分解法! 一筆書きができる図形を見つけるポイントは、以下の3つ。

①線と線がぶつかる交差点を見る。

②何本の線が交わっているかを数える。

③②の本数が奇数の交差点が「2か所」または「0か所」のときに、一筆書きができる。

①交差点

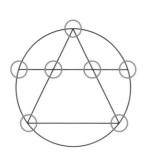

②線の本数

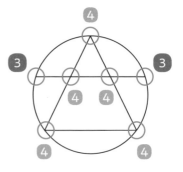

③奇数の線が交わる交差点（③の部分）が2か所あるので、この図形は一筆書きができる。

答え ▶▶▶ できる

例題 2 下の図形は一筆書きができるか。

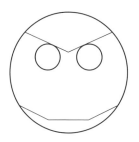

1分解法!

例題1と同じように、一筆書きができるかを検討していく。

①交差点

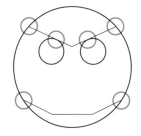

②線の本数

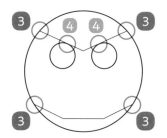

③奇数の線が交わる交差点（**3**の部分）が4か所あるので、この図形は**一筆書きができない。**

答え ▶▶▶ できない

POINT

一筆書きとは、一度置いたペンを一度も離さずに書くことをいう。

交差点で交わる線の数は、たとえば、右のように1本の直線の中央に別の線が交わっている場合、左1本、右1本、縦1本と合計3本になる。

練習問題 1

目標解答時間 4 分

① 次の図形❶〜❺のうち、一筆書きができるものはどれか。

❶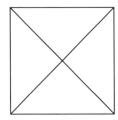

❷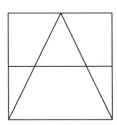

❸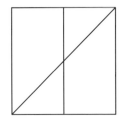

❹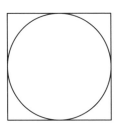

❺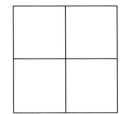

解答・解説

1 一筆書きができるかどうかは、以下の流れで検討する。

①線と線がぶつかる交差点を見る。

②何本の線が交わっているかを数える。

③②の本数が奇数の交差点が「2か所」または「0か所」のときに、
一筆書きができる。

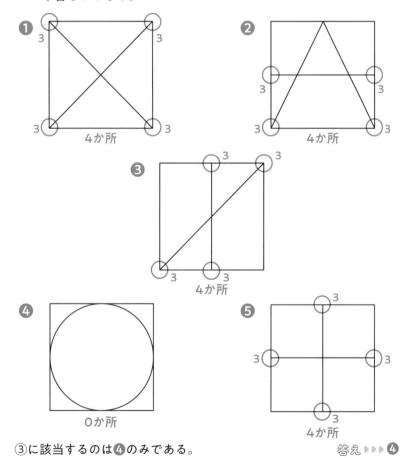

③に該当するのは❹のみである。

答え ▶▶▶ ❹

練習問題 2

② 下のア～エの図形のうち、一筆書きができる図形の組み合わせとして、もっとも妥当なものはどれか。

ア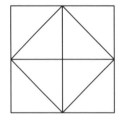

イ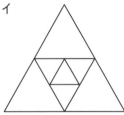

ウ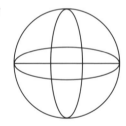

エ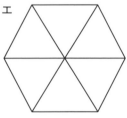

❶ア、イ　❷ア、ウ　❸イ、ウ　❹イ、エ　❺ウ、エ

解答・解説

2 一筆書きができるかどうかは、以下の流れで検討する。

①線と線がぶつかる交差点を見る。
②何本の線が交わっているかを数える。
③②の本数が奇数の交差点が「2か所」または「0か所」のときに、
　一筆書きができる。

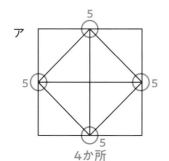

4か所

0か所

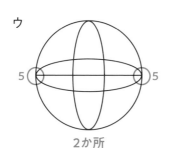

2か所

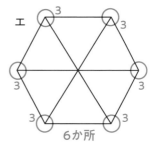

6か所

③に該当するのはイとウであり、一筆書きができる。

答え ▶▶▶ ③

27 資料解釈1

例題 1 下表は、ある学校の男子生徒とクラス全員の人数を示したものである。
このうち、クラス全員に占める男子生徒の割合がもっとも高いのはどのクラスか。

	男子生徒	クラス全員
A組	21人	40人
B組	19人	38人
C組	25人	45人
D組	26人	42人
E組	17人	41人

男子生徒の割合は、男子生徒の人数÷クラス全員の人数 で求められる。

A組：21 ÷ 40 = 0.525 = 52.5%
B組：19 ÷ 38 = 0.5 = 50%
C組：25 ÷ 45 ≒ 0.555… = 55.5%
D組：26 ÷ 42 = ≒ 0.619… = 61.9%
E組：17 ÷ 41 ≒ 0.414… = 41.4%

したがって、D組の61.9%がもっとも男子生徒の割合が高い。

答え ▶▶▶ D組

180

例題 2 下表は、ある商品における2年間の各社の販売実績を示したものである。2年間の販売数合計がもっとも多いのはどの会社か。

	2021年	2022年
A社	7,068,506個	4,972,255個
B社	6,851,466個	5,417,925個
C社	7,036,958個	5,193,002個
D社	6,771,035個	5,300,852個
E社	7,158,451個	5,044,268個

2年間の販売数合計は、 2021年の販売数 ＋ 2022年の販売数 で求めることができる。概数で求める。

上から4桁目を四捨五入して、上から3桁のみを計算する。

A社：707万＋497万＝1204万

B社：685万＋542万＝1227万

C社：704万＋519万＝1223万

D社：677万＋530万＝1207万

E社：716万＋504万＝1220万

よって、B社の販売数合計がもっとも多い。 答え ▶▶▶ B社

POINT

例題1について

単純に5つのクラスを割り算するのではなく、

まず、男子の割合が半分を超えているかを見る。

全体を半分にしてそれを上回っているのが、

A組・C組・D組なので、この3つを比べればよい。

PART ③

27 資料解釈1

練習問題 1

目標解答時間**5**分

① 下表は、ある県の面積及び人口の数である。

	面積（km²）	人口（万人）
A県	4600	260
B県	7800	360
C県	9200	160
D県	6400	190
E県	14000	130

❶ このうち、人口密度（1km²あたりの人口数）がもっとも高いのはどれか。

❶A県　　**❷**B県　　**❸**C県　　**❹**D県　　**❺**E県

❷ このうち、人口密度（1km²あたりの人口数）がもっとも低いのはどれか。

❶A県　　**❷**B県　　**❸**C県　　**❹**D県　　**❺**E県

1 人口密度は、 人口÷面積 で求められる。

　　　　　　　人口　　　　面積
A県：2600000 ÷ 4600 ≒ 565.2
B県：3600000 ÷ 7800 ≒ 461.5
C県：1600000 ÷ 9200 ≒ 173.9
D県：1900000 ÷ 6400 ≒ 296.8
E県：1300000 ÷ 14000 ≒ 92.8

1 人口密度がもっとも高いのはA県。　　　　答え▶▶▶ ❶

2 人口密度がもっとも低いのはE県。　　　　答え▶▶▶ ❺

解き方のポイント！

筆算で求めると大変なので、**割る数に注目して考える**。

A県：46と260より、46を5倍すると230なので、
　　　260は46の5倍より多い。
B県：78と360より、78を5倍すると390なので、
　　　360は78の5倍より小さい。
C県：92と160より、92を2倍すると184なので、
　　　160は92の2倍より小さい。
D県：64と190より、64を3倍すると192となり、
　　　190は64の3倍よりわずかに小さい。
E県：140と130より、130のほうが小さいので、
　　　130は140の1倍より小さい。
ここから、値がもっとも大きいのはA県、小さいのはE県とわかる。

練習問題 2

目標解答時間 **5**分

② 下表はある学校の全校生徒の数と、男子生徒の数の割合を示した表である。

	全校生徒	男子生徒の割合
A校	700人	41%
B校	1200人	19%
C校	420人	50%
D校	800人	25%
E校	360人	75%

❶ このうち、男子生徒の数がもっとも多い学校はどこか。

❶A校　　❷B校　　❸C校　　❹D校　　❺E校

❷ このうち、男子生徒の数がもっとも少ない学校はどこか。

❶A校　　❷B校　　❸C校　　❹D校　　❺E校

2 男子生徒の人数は、学校全体の人数×男子生徒の割合 で求められる。

A校：700 × 0.41 = 287

B校：1200 × 0.19 = 228

C校：420 × 0.5 = 210

D校：800 × 0.25 = 200

E校：360 × 0.75 = 270

❶ 男子生徒の人数がもっとも多いのはA校。　　答え ▶▶▶ **❶**

❷ 男子生徒の人数がもっとも少ないのはD校。　　答え ▶▶▶ **❹**

解き方のポイント！

おおよその数でわかるので、四捨五入だけではなく、

近い数で考える。

A校：0.41→0.4とする。　700 × 0.4 = 280

B校：0.19→0.2とする。　1200 × 0.2 = 240

C校：0.5は半分なので、÷2で求めることができる。

　　　420 ÷ 2 = 210

D校・E校の0.25や0.75は分数で考える。小数よりも簡単。

$0.25 → \dfrac{1}{4}$　　　　　　$0.75 → \dfrac{3}{4}$

D校：$800 × \dfrac{1}{4} = 800 ÷ 4 = 200$

E校：$360 × \dfrac{3}{4} = 360 ÷ 4 × 3 = 270$

ミスをなくすためにも、できるだけ筆算しなくてもよいように、

計算を工夫しよう！

28 資料解釈2

下のグラフは、ある農家でとれた野菜の収穫量の割合
をまとめたものである。

【ある農家の総収穫量：合計3000キロ】

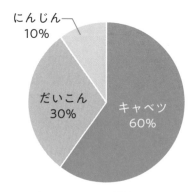

このグラフから判断できることとして、もっとも妥当
なものは次のうちどれか。

1. キャベツの収穫量は2000キロを上回っている。
2. キャベツの収穫量は1500キロを下回っている。
3. だいこんの収穫量は1000キロを超えている。
4. だいこん・にんじんの収穫量の合計はキャベツの
   収穫量を上回る。
5. にんじんの収穫量は250キロを上回っている。

それぞれの野菜の収穫量は 収穫量の合計×割合 で求められる。

キャベツ：3000 × 0.6 = 1800

だいこん：3000 × 0.3 = 900

にんじん：3000 × 0.1 = 300

各選択肢を検討していく。

1．キャベツは1800キロであり、2000キロを超えていない。
　　…誤り

2．キャベツは1800キロであり、1500キロを下回っていない。
　　…誤り

3．だいこんは900キロであり、1000キロを超えていない。
　　…誤り

4．だいこん・にんじんの合計は900 + 300 = 1200キロで、
　　キャベツの1800キロを上回っていない。
　　…誤り

5．にんじんは300キロであり、250キロを上回っている。
　　…正しい

答え ▶▶▶ 5

POINT

選択肢4は、収穫量を求めなくても誤りと判断できる。
だいこんとにんじんの割合の合計：30% + 10% = 40%
一方で、キャベツは60%。
60%（キャベツ）と40%（だいこん＋にんじん）では、
60%（キャベツ）のほうが多いとわかる。

練習問題 1

① 下のグラフは、ある製造工場が 1 年間に製造する電化製品の台数の割合をまとめたものである。

【総製造台数：合計 30100 台】

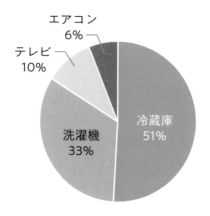

このグラフから判断できることとして、もっとも妥当なものは次のうちどれか。

❶冷蔵庫の製造台数は 18000 台を超えている。

❷冷蔵庫の製造台数は 15000 台を下回っている。

❸洗濯機の製造台数は 9000 台を超えている。

❹洗濯機・テレビ・エアコンの製造台数合計は冷蔵庫の製造台数を上回る。

❺テレビの製造台数は 3000 台を下回っている。

1 各電化製品の製造台数は 総製造台数×割合 で求められる。

数字が細かいので、概数で求めるとはやい。
・総製造台数（30100台）→ 30000台
・冷蔵庫（51%）→ 50%
・洗濯機（33%）→ $\frac{1}{3}$

そのうえで、各電化製品の製造台数を求める。
冷蔵庫：30000 × 0.5 = 15000（台）
洗濯機：30000 × $\frac{1}{3}$ = 10000（台）
テレビ：30000 × 0.1 = 3000（台）
エアコン：30000 × 0.06 = 1800（台）

❶冷蔵庫の生産台数は15000台であり、18000台を超えていない。
　…誤り

❷冷蔵庫の生産台数は15000台となっているが、ここでは割合の51%を50%として計算しているため、実際は15000台を上回る。
　…誤り

❸洗濯機の製造台数は10000台であり、9000台を超えている。
　…正しい

❹洗濯機・テレビ・エアコンの製造台数の割合の合計は49%で、冷蔵庫は51%。よって、冷蔵庫の製造台数を上回っていない。
　…誤り

❺テレビの製造台数は3000台となっているが、総製造台数30100台を30000台として計算しているため、実際は3000台を上回る。
　…誤り

答え ▶▶▶ ❸

練習問題 2

目標解答時間 **5** 分

② 下のグラフは、2019年、2020年の5社のX商品販売台数を比較したものである。

【2019年の販売台数】

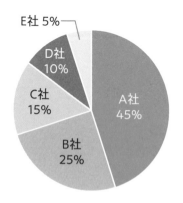

【2020年の販売台数】

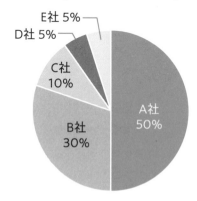

このグラフから読み取れることとして、妥当なものは次のうちどれか。

❶ C社が2020年に減少したのは、2020年にコロナウイルスの感染が拡大したことが原因である。

❷ 2019年のB社の販売台数は、E社の販売台数の5倍である。

❸ A社をみると、2019年よりも2020年のほうが販売台数は多い。

❹ 2020年のB社の販売台数は、2019年のC社の販売台数の2倍である。

❺ 2019年と2020年において、E社の販売台数は同じである。

2 この問題は、2019年、2020年の5社の販売台数の総数が記載されていないため、各社の販売台数を求めることはできない。

また、2019年と2020年の販売台数を比較することもできない。

❶ この資料からコロナウイルスが原因であるかは不明である。

…誤り

❷ 2019年のE社は5％であり、B社が25％であることから、E社の5倍である。このように、2019年どうしであれば比較できる。

…正しい

❸ 販売台数の総数が記載されていないため、この資料からはA社の2019年と2020年の販売台数を比較できない。

…誤り

❹ 販売台数の総数が記載されていないため、この資料からはC社の2019年とB社の2020年の販売台数を比較できない。

…誤り

❺ 販売台数の総数が記載されていないため、この資料からはE社の2019年と2020年の販売台数を比較できない。

…誤り

答え ▶▶▶ ❷

著者

たくまる（三木拓也）

公務員試験オンライン予備校「公務員のライト」共同代表。明治大学法学部卒業後、駒澤大学法科大学院修了、法務博士。公務員試験を受験し、国家総合職（法律区分）に席次60番で最終合格。その後、公務員予備校の教職員として勤務。国家総合職対策をはじめ、中央大学公務員学内講座では、数的処理科目・法律系科目・経済系科目を担当。明星大学キャリアスキル講義において公務員試験対策を担当。苦手科目を得意科目にするだけではなく、「本番で通用する力をつける」をモットーに、受講生を合格へと導いてきた。

○共著：『公務員教科書 2か月完成 動画とアプリで学ぶ 教養試験』（翔泳社）

公務員のライト

公務員試験専門のオンライン予備校。講師陣は元大手予備校カリスマ講師や大手公務員専門学校の教職員で構成。最大効率学習法を展開し、国家公務員、地方公務員、警察官、消防官、社会人経験者採用など多くの公務員試験に合格者を輩出している。開講2年で受講者数3500人を突破。YouTube「公務員のライト」は、総チャンネル登録者4.6万人を突破し、公務員受験カテゴリーで日本1位。また、Instagram、Twitter、LINE公式のフォロワー数も公務員受験カテゴリー日本1位となっている。

執筆協力：横堀直人

ゼロからわかる！
数的推理・判断推理"超"入門

著　者	たくまる
発行者	高橋秀雄
発行所	**株式会社 高橋書店**
	〒170-6014 東京都豊島区東池袋3-1-1 サンシャイン60 14階
	電話　03-5957-7103

©MIKI Takuya　Printed in Japan

本書の内容についてのご質問は「書名、質問事項（ページ、内容）、お客様のご連絡先」を明記のうえ、郵送、FAX、ホームページお問い合わせフォームから小社へお送りください。
回答にはお時間をいただく場合がございます。また、電話によるお問い合わせ、本書の内容を超えたご質問にはお答えできませんので、ご了承ください。本書に関する正誤等の情報は、小社ホームページもご参照ください。

【内容についての問い合わせ先】
　書　面　〒170-6014 東京都豊島区東池袋3-1-1 サンシャイン60 14階　高橋書店編集部
　ＦＡＸ　03-5957-7079
　メール　小社ホームページお問い合わせフォームから　（https://www.takahashishoten.co.jp/）

【不良品についての問い合わせ先】
　ページの順序間違い・抜けなど物理的欠陥がございましたら、電話03-5957-7076へお問い合わせください。
　ただし、古書店等で購入・入手された商品の交換には一切応じられません。